Französische und deutsche Diskontpolitik

Französische
und
Deutsche Diskontpolitik

mit besonderer Berücksichtigung der
Entwicklung der Bank von Frankreich

Von

Dr. phil. A. Snyckers
Docteur en sciences commerciales de l'Université de Liège
Oberlehrer an der Öffentlichen Handelslehranstalt und
Dozent an der Handelshochschule zu Leipzig

Leipzig
G. J. Göschen'sche Verlagshandlung
1910

Druck der Spamerschen Buchdruckerei in Leipzig

Inhaltsverzeichnis.

Anlagen.

Literatur.

Banque de France. Ses opérations à Paris et dans ses succursales. Paris 1908.
E. Bordet. Essai sur la Banque de France à propos du renouvellement du privilège. Paris 1889.
Brouilhet. Le nouveau régime de la Banque de France. Paris 1899.
Comptes-rendus de la Banque de France einschließlich 1908.
Courcelle-Seneuil. Traité des opérations de banque. Paris 1899.
A. Courtois. Histoire de la Banque de France et des principales institutions de crédit depuis 1716. Paris 1875.
A. Delettre. La Banque de France. Paris 1897.
The Economist. 1898—1908. London.
Enquête sur les principes de la circulation monétaire et fiduciaire. Paris 1867—1870.
Entretien de M. Aldrich, Sénateur, Président et des Membres de la Commission nationale monétaire des Etats-Unis avec M. Georges Pallain, Gouverneur de la Banque de France. 26. September 1908.
Flour de Saint-Genis. La Banque de France à travers le siècle. Paris 1896.
R. Helfferich. Zur Erneuerung des deutschen Bankgesetzes. Leipzig 1899.
Koch. Die Reichsbank und die Geldverteuerung. Deutsche Revue. Dezemberheft 1906.
J. Landmann. System der Diskontpolitik. Kiel und Leipzig 1900.
de Lavergne. La Banque de France et les banques départementales. Paris 1894.
Lois et statuts qui régissent la Banque de France. Paris 1887.
W. Lotz. Artikel über Diskonto im Handwörterbuch der Staatswissenschaften. Band 2. 1891.
P. Loubet. La Banque de France et l'escompte. Paris 1900.
Noël. Les Banques d'émission en Europe. Paris 1888.
G. Obst. Banken und Bankpolitik. Leipzig 1909.
v. Philippovich. Artikel über die Banken in Frankreich. Handwörterbuch der Staatswissenschaften. Band 2. 1891.
L. Pommier. La Banque de France et l'Etat au XIXe siècle. Paris 1904.
Rapports parlementaires sur le renouvellement du privilège de la Banque de France en 1892 et 1897.
R. Rosendorff. Der Goldreichtum Frankreichs. Februarnummer 1908 der Deutschen Wirtschaftszeitung.
W. Scharling. Bankpolitik. Jena 1900.
G. Schwalenberg. Die Bank von Frankreich und die deutsche Reichsbank. Halle a. S. 1904.
E. van der Smissen. Le chèque et la compensation. Brüssel 1902.
A. Snyckers. La Reichsbank et la Banque de France; leur politique. A. Rousseau, Paris 1908.
E. Théry. Les fonctions de la Banque de France. Paris 1895.
— Les progrès économiques de la France. Paris 1909.
Verwaltungsberichte der Reichsbank. 1876—1908.

Allgemeiner Teil.

Geschichte und Organisation der Bank von Frankreich.

I. Historischer Überblick.

1800: Gründung. — 1801: Verschmelzung mit der Caisse des Comptes-courants. — 1803: Umwandlung. — 1806: Erhöhung des staatlichen Einflusses. — 1808: Bankstatuten. — 1814: Krisis. — 1817—1838: Departementsnotenbanken. — 1848: Zwangskurs, Vereinigung mit den Departementsbanken und Begrenzung der Notenausgabe. — 1850: Wiederherstellung der unbeschränkten Notenausgabe. — 1860: Abmachung mit der Banque de Savoie. — 1870: Zwangskurs; wiederholte Erweiterungen des Notenumlaufs. — 1878—1908: Gesetzlicher Kurs; weitere Erhöhungen des Notenumlaufs. Kapital und Reserven. — Verlängerungen des Privilegiums. — Stückelung der Banknoten. — Vergleich mit der Reichsbank.

1800: Gründung.

Nachdem das Gesetz vom 29. Messidor des Jahres IV (18. Juli 1796) der Ausgabe von Assignaten ein Ende gemacht hatte, wurden in Paris zwei Kredit- und Notenbanken gegründet; noch im Jahre 1796 die „Caisse des Comptes-courants“ und im darauffolgenden Jahre die „Caisse d'escompte du commerce“[1]).

Diese Banken ließen sich nur ungern auf finanzielle Abmachungen mit der französischen Republik ein, zumal da sie sich in ziemlich mißlicher Lage befanden und die allgemeinen Kreditverhältnisse des Landes wenig zufriedenstellend waren.

Als dann am 17. Brumaire des Jahres VIII (9. November 1799) Bonaparte das Direktorium gestürzt hatte, richtete die neue Regierung ihr Augenmerk auf Befestigung des in seinen Grundfesten erschütterten öffentlichen Kredits. Um diesen Zweck zu erreichen und zugleich eine Bank ins Leben zu rufen, die sich gegebenenfalls als gefügiges Werkzeug benutzen ließe[2]), setzte sich der erste Konsul mit maßgebenden Pariser Bankiers, darunter Perrégaux[3]), in Verbindung und veranlaßte diese, eine Gesellschaft behufs Gründung eines Bankunternehmens zu bilden.

Die Gesellschaft kam auch sehr bald zustande und gründete unter dem Namen „Banque de France“ eine Kreditbank mit einem Aktienkapital von 30 Millionen Franken; durch Erlaß der drei Konsuln vom 28. Nivôse des Jahres VIII (18. Januar 1800) wurde die Bank regierungsseitig bestätigt und Perrégaux zum Präsidenten ernannt.

Das Gesellschaftsstatut wurde am 24. Pluviôse des Jahres VIII (13. Februar 1800) nach langen, in Anwesenheit des Finanzministers Barbé-Marbois geführten Verhandlungen festgestellt[4]). Am 1. Ven-

[1]) Später noch in Rouen (1798) die „Société générale du commerce“, in Paris (1800) „Comptoir commercial (Caisse Jaback)“ und die „Factorerie“. Vgl. Noël.

[2]) Vgl. Courcelle-Seneuil: Traité des opérations de banque. Paris 1899, S. 237.

[3]) P. Loubet: La Banque de France et l'escompte. Paris 1900, S. 24.

[4]) Pommier: op. cit. S. 46.

tôse VIII (20. Februar 1800) wurde die neugegründete Bank dem Publikum als Kredit- und Notenbank geöffnet.

Zunächst konkurrierte die Bank, ohne im Besitze irgendeines Privilegiums zu sein, mit den obengenannten Kreditbanken, von denen die „Caisse des Comptes-courants" die bedeutendste war. Indessen hatte die Regierung bereits bei der Gründung die Absicht, der Bank, nachdem sie sich bewährt hätte, ein besonderes Vorrecht in bezug auf die Notenausgabe zu erteilen.

Da das Publikum dem neuen Unternehmen ein gewisses Mißtrauen entgegenbrachte, ging die Zeichnung des Aktienkapitals trotz staatlichen Schutzes nur langsam vorwärts. Um die Kauflust anzuregen, zeichnete der erste Konsul selbst 30 Aktien; seine Verwandten sowie die Mitglieder und hohen Beamten der Staatsregierung folgten seinem Beispiele[1]). Außerdem übernahm die Regierung für 5 Millionen Aktien und legte die Hälfte der von den Steuereinnehmern hinterlegten Kautionen in diesem Papiere an[2]).

1801: Verschmelzung mit der „Caisse des Comptes-courants".

Die private Beteiligung an der Zeichnung nahm aber kaum zu; außerdem wurde die Konkurrenz der „Caisse des Comptes-courants" immer gefahrdrohender. Deshalb griff der Staat schließlich zu dem Mittel, dieses Geldinstitut mit der Banque de France zu verschmelzen. Auf Veranlassung der Regierung traten am 18. Januar 1801 die Aktionäre der „Caisse des Comptes-courants" zusammen und beschlossen die Auflösung ihrer Gesellschaft; diese wurde gleichzeitig mit ihren Aktiven und Passiven der Banque de France einverleibt, wobei sie dieser ihren Wechselbestand von 6 Millionen und ihren Notenumlauf von 20 Millionen Franken übereignete[3]).

1803: Umwandlung.

Trotz dieser Verschmelzung war der Notenumlauf der Banque de France noch am Anfang des Jahres 1803 sehr beschränkt; er betrug kaum 30 Millionen. Deckung dafür war fast nicht vorhanden. Die Regierung schrieb diese ungünstige Entwicklung unter anderem der Konkurrenz zu, die der Banque de France von den übrigen Pariser Zettelbanken gemacht wurde.

Um eine Besserung dieser Sachlage herbeizuführen, gestaltete Bonaparte die Bank am 24. Germinal des Jahres XI (14. April 1803) um. Gleichzeitig wurde das Aktienkapital auf 45 Millionen Franken erhöht[4]). Das vom ersten Konsul unterzeichnete Gesetz über diese

---

[1]) Flour de Saint-Genis: La Banque de France à travers le siècle. Paris 1896, S. 19.

[2]) Diese letzteren Aktien verkaufte der Staat bald wieder; so übertrug er z. B. am 17. Ventôse des Jahres X mehreren Bankiers 9500 Stück. — Pommier: La Banque de France et l'Etat. Paris 1904, S. 54. Heutzutage besitzt der Staat nicht eine einzige Aktie der Bank mehr, wie sich ergibt aus „Entretien de M. Aldrich avec M. G. Pallain, Gouverneur de la Banque de France." Paris 1908, S. 27.

[3]) Pommier: op. cit. S. 53.

[4]) Gesetz vom 24. Germinal d. J. XI, Art. 2.

Umwandlung räumte der Banque de France das ausschließliche Vorrecht[1]) ein, Banknoten in beliebiger Menge auszugeben. Demgemäß wurde bestimmt[2]), daß die Zettelbanken, die unter dem Namen „Caisse d'escompte du commerce, Comptoir commercial, Factorerie" usw. in Paris bestanden, fernerhin keine Banknoten mehr ausgeben dürften und daß sie verpflichtet seien, ihre im Umlauf befindlichen Noten bis zum 1. Vendémiaire (24. September 1803) einzuziehen.

Ferner wurde die Regierung ermächtigt[3]), Banken in der Provinz das Recht der Notenausgabe zu gewähren und ihnen vorzuschreiben, bis zu welcher Höhe Noten ausgegeben werden dürften. Zum richtigen Verständnis dieser Vorschrift sei daran erinnert, daß bis zum Jahre 1803, in dem der Banque de France das Privilegium der unbeschränkten Notenausgabe erteilt wurde, das Recht der Notenemission durchaus keine außergewöhnliche Vergünstigung bildete, sondern auf Grund allgemein gültiger rechtlicher Bestimmungen von jedem größeren Bankinstitute erworben werden konnte[4]).

1806: Erhöhung des staatlichen Einflusses.

Bald nach Umwandlung der Bank mißbrauchte die Regierung ihren Einfluß, indem sie immer größere Vorschüsse von ihr verlangte. Die Folge davon war eine Finanzkrisis, die im September 1805 zu einer wahren Panik führte. Das Publikum forderte ungestüm die Einlösung der im Umlauf befindlichen Noten. Da Napoleon, der abwesend war, entgegen dem Antrage der Bank, es ablehnte, den Zwangskurs für die Noten zu verfügen, half sich diese u. a. damit, daß sie selbständig die Summe der täglich einzulösenden Noten auf 500 000 Franken beschränkte[5]).

Sobald der Kaiser nach Paris zurückgekehrt war, beschloß er eine zweite Umgestaltung der Banque de France. Am 22. April 1806 erschien ein Gesetz[6]), welches ihr Privilegium verlängerte und das Aktienkapital auf 90 Millionen Franken festsetzte[7]). Gleichzeitig aber wurde die Abhängigkeit der Bank vom Staate erhöht.

Vorher hatte die Bankleitung in den Händen eines aus drei Regenten, einschließlich des Präsidenten, bestehenden Zentralkomitees gelegen, das vom Conseil général, d. h. von der Vertretung der Aktionäre gewählt wurde. Fortan wurde sie einem Gouverneur und zwei Vizegouverneuren anvertraut, die vom Kaiser zu ernennen waren[8]); außerdem sollten die Statuten der Bank von der Staatsregierung als Regierungsverordnung („règlement d'administration publique") bestätigt werden[9]).

---

1) Gesetz vom 24. Germinal d. J. XI, Art. 1.
2) Gesetz vom 24. Germinal d. J. XI, Art. 30.
3) Gesetz vom 24. Germinal d. J. XI, Art. 31.
4) Courcelle-Seneuil: Traité des opérations de banque. Paris 1899, S. 234.
5) Pommier: op. cit. S. 66.
6) Gesetz vom 22. April 1806, Art. 1.
7) Gesetz vom 22. April 1806, Art. 2.
8) Gesetz vom 22. April 1806, Art. 10—12.
9) Gesetz vom 22. April 1806, Art. 22.

1808: Bankstatuten; 1814: Krisis.

Dieser Bestimmung gemäß wurden die Satzungen der Bank am 16. Januar 1808 durch kaiserliches Dekret veröffentlicht[1]).

Im Jahre 1814 hatte die Bank die gleichen Schwierigkeiten wie zwei Jahre vorher. Sie nahm ihre Zuflucht zu der schon einmal angewendeten Maßregel, die tägliche Noteneinlösung zu beschränken. Dazu erhöhte sie ihren Diskontsatz und setzte die Umlaufszeit der zur Diskontierung angenommenen Wechsel von 90 auf 45 Tage herab. Dieses letztere Mittel gebrauchte sie vier Jahre darauf abermals, als der Staat wiederum einen zu hohen Kredit in Anspruch nahm und sie veranlaßte, bei der Zahlung der Kriegsentschädigung an die Alliierten mitzuwirken[2]).

1817—1838: Departementsnotenbanken.

In den Jahren 1817 und 1818 wurde den Kreditbanken in Rouen, Nantes und Bordeaux die Konzession zur Notenausgabe erteilt. Da der allgemeine Wohlstand zunahm und die Banque de France sich weigerte, Zweiganstalten in der Provinz zu errichten[3]), erhielten in den Jahren 1835 bis 1838 noch weitere sechs Banken, und zwar die von Lyon, Havre, Lille, Toulouse, Orléans und Marseille, die gleiche Konzession. Nachdem aber im Jahre 1839 die Banque de France begonnen hatte, ihren Wirkungskreis durch Gründung von Filialen auf die Provinz auszudehnen, wurden keine Konzessionen mehr bewilligt.

1848: Zwangskurs, Vereinigung mit den Departementsbanken und Begrenzung der Notenausgabe.

Als infolge der politischen Wirren des Jahres 1848 der Metallvorrat der Banque de France innerhalb der Zeit vom 26. Februar bis zum 14. März von 140 Millionen auf 70 Millionen Franken gesunken war, forderten die Inhaber von Banknoten so ungestüm deren Einlösung, daß die Direktion der Bank sich genötigt sah, bei der Regierung die Einführung des Zwangskurses zu beantragen. Diese Maßregel wurde am 15. März 1848 verfügt[4]) und am 25. März 1848 auf den Notenumlauf der Departementsbanken ausgedehnt. Bei diesen galt der Zwangskurs lediglich für den Kreis (circonscription) des Departements, in dem die betreffende Bank ihren Sitz hatte[5]).

So wurden, abgesehen von den Noten der Banque de France, 9 verschiedene Arten von Zahlungsmitteln geschaffen, die alle nur in einem engen Bezirk Gültigkeit hatten[6]).

---

[1]) Näheres über die Satzungen findet sich in den Kapiteln II, III und IV.

[2]) Vgl. v. Philippovich: Art. Banken (Frankreich) im Handw. der Staatsw. Bd. 2, S. 118.

[3]) Vgl. Pommier: op. cit. S. 74.

[4]) Dekret der provisorischen Regierung vom 15. März 1848, Art. 1 und 2.

[5]) Dekret der provisorischen Regierung vom 25. März 1848, Art. 1 und 2.

[6]) Wer bei der Bank von Rouen ein Guthaben hatte und in Paris zahlen wollte, bekam also sein Guthaben in Noten ausgezahlt, die in Paris keinen Kurs hatten. — Vgl. Lavergne: Revue des deux Mondes. 1864, S. 864: La Banque de France et les banques départementales.

Die Unzuträglichkeiten, die der Zwangskurs im Gefolge hatte[1]), führten dann dazu, daß durch Dekrete vom 27. April[2]) und vom 2. Mai 1848[3]) die neun Departementsnotenbanken mit der Banque de France vereinigt wurden. Hierdurch wurde diese zum alleinigen Noteninstitut von ganz Frankreich.

Nach französischer Anschauung ist eine Beschränkung des Notenumlaufs nicht erforderlich, solange den Banknoten gesetzliche Zahlungskraft nicht innewohnt. Eine solche Begrenzung erscheint vielmehr nur geboten:

a) für den Fall, daß den Banknoten der Zwangskurs verliehen wird, d. h. daß sie von jedermann in Zahlung genommen werden müssen, ohne daß dem Inhaber das Recht zusteht, von der Bank den Umtausch gegen Bargeld zu fordern;

b) für den Fall, daß die Banknoten, ohne Zwangskurs zu haben, gesetzliches Zahlungsmittel sind, d. h. daß sie zwar von den Behörden und Privaten in Zahlung genommen werden, jederzeit aber von der Bank in bar umgetauscht werden müssen.

Der erste derartige Fall trat, wie bereits erwähnt, im Jahre 1848 ein. Als man am 15. März 1848 den Noten der Banque de France den Zwangskurs verlieh, wurde gleichzeitig der Höchstbetrag der Notenausgabe auf 350 Millionen festgesetzt[4]).

Nach Einverleibung der Provinzzettelbanken wurde am 22. Dezember 1849 beschlossen, ihn auf 525 Millionen zu erhöhen[5]).

1850: Wiederherstellung der unbeschränkten Notenausgabe.

Nachdem aber die Banque de France die Einlösung ihrer Noten in vollem Umfange wieder aufgenommen hatte, beantragte sie die Wiederherstellung der im Gründungsgesetz festgestellten Bedingungen. Diesem Antrag wurde am 6. August 1850 stattgegeben[6]). Der Zwangskurs und damit die Begrenzung der Notenausgabe wurden aufgehoben. Bis zum Jahre 1870 erfuhr diese Sachlage keinerlei Änderungen.

1864: Abmachung mit der Banque de Savoie.

Als im Jahre 1860 Frankreich und Savoyen vereinigt wurden, behielt die Banque de Savoie ihr Notenprivileg[7]).

Um das Monopol zu wahren, übernahm im Jahre 1864 die Banque de France zwei Filialen der Banque de Savoie und zahlte ihr 4 Millionen Franken Entschädigung, wogegen die Banque de Savoie auf ihr Notenrecht verzichtete. Dieser Verzicht wurde im Jahre 1865 regierungsseitig bestätigt[8]).

---

[1]) Vgl. Lois et statuts qui régissent la Banque de France. Paris 1887, S. 67.

[2]) Dekret vom 27. April 1848, Art. 1 (Banken von Rouen, Lyon, Havre, Lille, Toulouse, Orléans und Marseille).

[3]) Dekret vom 2. Mai 1848, Art. 1 (Bank von Nantes und Bordeaux).

[4]) Gesetz vom 15. März 1848, Art. 3.

[5]) Gesetz vom 22. Dezember 1849, Art. 1.

[6]) Gesetz vom 6. August 1850, Art. 1.

[7]) Convention de Paris vom 21. August 1860, Art. 6.

[8]) Dekret vom 8. April 1865, Art. 1.

1870: Zwangskurs. Wiederholte Erweiterungen des Notenumlaufs.

Zu Beginn des Jahres 1870 verfügte die Banque de France über einen Bestand an Edelmetallen von mehr als einer Milliarde Franken. Um für alle Fälle gerüstet zu sein, wurde nach Ausbruch des Krieges durch Gesetz vom 12. August 1870[1]) der Zwangskurs für die von der Bank ausgegebenen Noten wiederum eingeführt. Gleichzeitig nahm man nach dem früher erwähnten Grundsatz als Grenze für den Notenumlauf den Betrag von 1800 Millionen Franken an[2]).

Bereits zwei Tage später wurde diese Grenze auf 2400 Millionen hinaufgerückt[3]).

Ferner sind noch Erhöhungen eingetreten:

am	29. Dezember	1871[4])	auf	2,8	Milliarden
„	15. Juli	1872[5])	„	3,2	„

1878—1908: Gesetzlicher Kurs; weitere Erhöhungen des Notenumlaufs.

Durch Gesetz vom 3. August 1875[6]) war bestimmt, daß, „sobald die von der Bank dem Staate geleisteten Vorschüsse bis auf 300 Millionen Franken getilgt sein würden, der Artikel 2 des Gesetzes vom 12. August 1870 seine Gültigkeit verlieren sollte". Diese Bestimmung trat im Jahre 1878 in Geltung. Damit wurde der durch Art. 2 des betreffenden Gesetzes angeordnete Zwangskurs beseitigt, aber der durch Art. 1 geschaffene gesetzliche Kurs beibehalten.

Seitdem hat der gesetzliche Kurs der Noten der Banque de France ununterbrochen bis heute bestanden. Seit 1872 hat die Grenze des Notenumlaufs folgende Änderungen erfahren:

am	30. Januar	1884[7]):	3,5	Milliarden
„	25. „	1893[8]):	4	„
„	17. Dezember	1897[9]):	5	„
„	9. Februar	1906[10]):	5,8	„

* * *

Kapital.

Die Banque de France ist von Anfang an (1800) eine Aktiengesellschaft mit einem Gründungskapital von 30 Millionen Franken gewesen. Bei ihrer Umwandlung in eine privilegierte Zettelbank (1803) wurde das Aktienkapital auf 45 Millionen gebracht; weitere Erhöhungen fanden statt:

1) Art. 1 und 2.
2) Gesetz vom 12. August 1870, Art. 3.
3) Gesetz vom 14. August 1870, Art. 1.
4) Gesetz vom 29. Dezember 1871, Art. 1.
5) Gesetz vom 15. Juli 1872, Art. 4.
6) Art. 28.
7) Gesetz vom 30. Januar 1884, Art. 8.
8) Gesetz vom 25. Januar 1893, Art. 1.
9) Gesetz vom 17. Dezember 1897, Art. 13.
10) Gesetz vom 9. Februar 1906, Art. 1.

im Jahre	1806	auf	90	Millionen	Franken
„ „	1840	„	91,25	„	„
„ „	1857	„	182,50	„	„

Außerdem war nach dem Gesetz vom 9. Juni 1857 (Art. 8), sobald der Diskont über 6% stieg, der Gewinn, welcher aus dieser Überschreitung erwuchs, zum Kapital zu schlagen. Bis zum Jahre 1897 war auf diese Weise das Kapital um 8 002 313,54 Franken erhöht worden.

Ein Gesetz vom 17. November 1897 (Art. 12) änderte die eben erwähnte Bestimmung wie folgt:

„Sollte durch irgendwelche Umstände eine Erhöhung des Diskontsatzes über 5% hinaus geboten erscheinen, so ist der aus dem höheren Diskont erzielte Gewinn von der unter die Aktionäre zu verteilenden Dividende in Abzug zu bringen; ein Viertel dieses Gewinnes ist dem Gesellschaftskapital zuzuschreiben, der Rest ist an den Staat abzuführen.“

Diese Bestimmung ist bisher nur ein einziges Mal zur Geltung gekommen und zwar im Winter 1908: dadurch daß damals die Banque de France fremde Wechsel zu einem besonderen Diskontsatz, der höher als 5% war, ankaufte[1]), sind 3832,30 Franken dem Kapital zugeschlagen worden.

Somit betrug das Kapital der Banque de France nach der Bilanz für 1908 nicht 182 500 000 Franken, sondern 190 506 145,84 Franken.

Von diesen rund 190 Millionen sind gesetzlich 100 Millionen in französischer Rente angelegt[2]).

Reserve.

Abgesehen von dem eben erwähnten kapitalisierten Diskontgewinn sind der Banque de France noch drei verschiedene Rücklagen[3]) gesetzlich vorgeschrieben:

1. Réserve mobilière — Reserve in beweglichen Werten, bestehend u. a. aus den Reservefonds der im Jahre 1848 einverleibten Provinzzettelbanken und dem bei Ausgabe neuer Aktien im Jahre 1887 erzielten Kursgewinn.

2. Réserve immobilière — Grundstücksreserve, gebildet durch den Buchungswert der Pariser Bankgebäude.

3. Réserve spéciale — Spezialreserve, welche zur Dividendenausgleichung verwendet werden darf.

In der Bilanz für 1908 betrugen diese Reserven:

zu 1.	.... Fr.	22 105 750,14
„ 2.	.... Fr.	4 000 000,—
„ 3.	.... Fr.	8 407 444,16
	Fr.	34 513 194,30

1) Siehe Devisenpolitik, XI. Kapitel.
2) Gesetz vom 9. Juni 1857, Art. 5.
3) Vgl. „Entretien entre M. Aldrich et M. Pallain“, S. 26.

Verlängerungen des Privilegiums.

Das der Banque de France gewährte Privilegium, Banknoten auszugeben, erstreckte sich ursprünglich auf 15 Jahre. Am 22. April 1806 wurde es um 25 Jahre (bis zum 24. September 1843) verlängert. Am 30. Juni 1840 wurde eine weitere Verlängerung bis zum 31. Dezember 1867 zugestanden, und schon am 9. Juni 1857, also zehn Jahre vor Ablauf der gewährten Frist, wurde das Privilegium bis zum 31. Dezember 1897 ausgedehnt.

Die vorzeitige Erneuerung des Privilegiums im Jahre 1857 ist darauf zurückzuführen, daß die Banque de France sich bereit erklärt hatte, dem Staate 100 Millionen Franken zu 3 % und zum Kurs von mindestens 75.— bei einem Stande der Rente auf 71.— zu leihen[1]), und sich verpflichtet hatte, vom Jahre 1867 ab auf Verlangen der Regierung in jedem Departement, das noch keine Bankhauptstelle hätte, eine solche zu errichten[2]). Dagegen erteilte das Gesetz der Banque de France das Recht, den Diskont- und Lombardzinsfuß eventuell über 6 % hinaus zu erhöhen[3]).

Zuletzt wurde am 17. November 1897 festgestellt, daß das Privilegium der Banque de France bis zum 31. Dezember 1920 dauern solle, daß jedoch die beiden Kammern das Recht hätten, im Jahre 1911 für Ende des Jahres 1912 zu kündigen.

Stückelung der Banknoten.

Durch den Art. 4 des Gesetzes vom 24. Germinal d. J. XI (14. April 1803) wurde bestimmt, daß die Banknoten der Banque de France mindestens auf einen Wert von 500 Franken lauten sollten. Tatsächlich gab die Bank Noten zu 1000 und 500 Franken aus.

Ein Gesetz vom 10. Juni 1847 setzte den Betrag der kleinsten Noten auf 200 Franken herunter.

Ein Jahr später wurden infolge des Gesetzes vom 15. März 1848 (Art. 4) Noten zu 100 Franken und im Jahre 1857 solche zu 50 Franken ausgegeben (Gesetz vom 9. Juni 1857, Art. 9).

Zur Emittierung kleinerer Noten wurde die Erlaubnis erteilt, wie folgt:

am 12. August	1870:	Noten zu	25 Fr.[4])
„ 12. Dezember	1870:	„ „	20 Fr.[5])
„ 29. „	1871:	„ „	10 und 5 Fr.[6]).

Die auf 25 Franken lautenden Noten sollten nach und nach durch Noten von 20 Franken ersetzt werden.

Gegenwärtig besteht der Notenumlauf der Banque de France aus Noten zu 1000, 500, 100, 50, 25, 20 und 5 Franken. Aber die

[1]) Gesetz vom 9. Juni 1857, Art. 5.
[2]) Gesetz vom 9. Juni 1857, Art. 10.
[3]) Gesetz vom 9. Juni 1857, Art. 8.
[4]) Gesetz vom 12. August 1870, Art. 5.
[5]) Dekret vom 12. Dezember 1870.
[6]) Gesetz vom 29. Dezember 1871, Art. 2.

Noten zu 25, 20 und 5 Franken werden schon seit langer Zeit wieder eingezogen und bilden deshalb nur noch einen verschwindend kleinen Teil des Gesamtumlaufs[1]).

Vergleich mit der Reichsbank.

Hinsichtlich der Noten bestehen zwischen den für die Banque de France maßgebenden Bestimmungen und denjenigen, die für die Reichsbank Gültigkeit haben, folgende Unterschiede, die sich beziehen:

a) auf die Eigenschaft der Noten als gesetzliches Zahlungsmittel;
b) auf die Deckung und
c) auf die Begrenzung des Umlaufs.

Zu a): Die Noten der Banque de France sind gesetzlich anerkanntes Zahlungsmittel: niemand ist berechtigt, sie zurückzuweisen, jedoch ist die Bank verpflichtet, ihre Noten jederzeit zum vollen Nennwerte einzulösen.

Im Deutschen Reiche war noch bis vor kurzem jedermann berechtigt, die Noten der Reichsbank (ebenso übrigens die Reichskassenscheine) als Zahlungsmittel abzulehnen.

Erst durch das Bankgesetz vom 1. Juni 1909 sind die Noten der Reichsbank gesetzliches Zahlungsmittel geworden[2]).

Zu b): Die Reichsbank ist verpflichtet, für den Betrag ihrer in Umlauf befindlichen Banknoten mindestens ein Drittel in kursfähigem deutschen Gelde, Reichskassenscheinen, Gold in Barren oder ausländischen Münzen und den Rest in diskontierten Wechseln, welche eine Verfallzeit von höchstens 3 Monaten haben, in ihren Kassen als Deckung bereit zu halten[3]).

Die Banque de France ist zu einer Deckung in Form von Edelmetallen gesetzlich nicht verpflichtet, so daß sie theoretisch für ihren Notenumlauf Metalldeckung nicht zu haben braucht. Deckung ist jedoch stets vorhanden, da die Bank ihre Noten nur gegen bar oder gegen Wechsel oder gegen Faustpfand ausgeben darf[4]).

Zu c): Die direkte Begrenzung des Notenumlaufs bei der Banque de France ist im Zusammenhang mit der Beibehaltung des gesetzlichen Kurses in Kraft geblieben, wenn auch der Gesetzgeber jedesmal die Grenze erhöhte, sobald sie lästig zu werden drohte.

Für die Reichsbank ist eine direkte feste Begrenzung des Notenumlaufs nicht vorgesehen; indirekt liegt sie in dem Erfordernis der Dritteldeckung. Außerdem kann bei der Reichsbank die Notensteuer[5]) hemmend auf die Notenausgabe einwirken, wenn das freie Kontingent erschöpft ist.

---

1) Siehe S. 46, V.
2) Gesetz vom 1. Juni 1909, Art. 3.
3) Bankgesetz vom 14. März 1875, § 17.
4) Siehe „Entretien ...", S. 19.
5) Laut § 9 des deutschen Bankgesetzes vom 14. März 1875: Banken, deren Notenumlauf ihren Barvorrat und den ihnen zugewiesenen Betrag übersteigt, haben von dem Überschusse eine Steuer von jährlich fünf vom Hundert an die Reichskasse zu entrichten.

II. Gegenwärtige Organisation.

Verfassung. — Generalversammlung. — Gouverneur und Vizegouverneure. — Regenten. — Zensoren. — Generalrat. — Ausschüsse. — Bankplätze. — Vergleich mit der Organisation der Reichsbank.

Verfassung.

Die der Banque de France vom Gesetzgeber zuerteilte Verfassung läßt deutlich ein doppeltes Bestreben hervortreten: einerseits, dieser Anstalt den Charakter und die Unabhängigkeit einer Aktiengesellschaft zu wahren, sie nicht zu einer Staatsbank zu machen; andererseits, dem Staate denjenigen Einfluß zu sichern, den sich dieser unbedingt vorbehalten mußte im Interesse der Dienste, die die Bank ihm leisten sollte.

Das erhellt deutlich aus einer Prüfung der den Vertretern der Aktionäre zustehenden Rechte und Pflichten und der Befugnisse, die den vom Staate ernannten Beamten zugeteilt sind.

Generalversammlung.

Die Generalversammlung der Aktionäre der Banque de France ist im Januar eines jeden Jahres einzuberufen[1]); sie besteht aus den 200 Aktionären, die innerhalb der letzten sechs Monate den stärksten Aktienbesitz aufzuweisen hatten[2]).

Diese Aktionäre müssen das französische Bürgerrecht besitzen[3]). Sie müssen in Person erscheinen. Jeder hat nur eine Stimme, ohne Rücksicht auf die Anzahl der von ihm vertretenen Aktien[4]).

Die einzige Bestimmung, die verhindern könnte, daß in der Generalversammlung der Gesamtwille der — rund 28 000 — Aktionäre zum Ausdruck kommt, liegt also in der Beschränkung der Teilnehmerzahl auf 200; diese Bestimmung wird aber bis zu einem gewissen Grade dadurch wieder ausgeglichen, daß jeder Aktionär nur über eine Stimme verfügt.

Die Generalversammlung der Aktionäre der Banque de France hat, ähnlich wie die der Anteilseigner der Reichsbank, die Jahresrechnung entgegenzunehmen.[5])

Die sonstige Beteiligung an der Verwaltung, die das Gesetz den Anteilseignern der Reichsbank, vertreten durch die Generalversammlung, zuerkennt, ist verschwindend gering, verglichen mit den Befugnissen, die den Aktionären der Banque de France zustehen.

Fast sämtliche Aufsichts- und Verwaltungsorgane der Banque de France sind von der Generalversammlung zu wählen[6]), nur der

---

[1]) Dekret vom 16. Januar 1808, Art. 24.

[2]) Gesetz vom 24. Germinal d. J. XI, Art. 10 und 11.

[3]) Gesetz vom 24. Germinal d. J. XI, Art. 14.

[4]) Gesetz vom 24. Germinal d. J. XI, Art. 13.

[5]) Gesetz vom 22. April 1806, Art. 7, und Dekret vom 16. Januar 1808, Art. 30 und 39.

[6]) Gesetz vom 22. April 1806, Art. 7, und Dekret vom 16. Januar 1808, Art. 25.

Gouverneur und die beiden „Sous-gouverneurs“ werden vom Staatsoberhaupt ernannt[1]). Dieses Wahlrecht sichert den in der Generalversammlung anwesenden Aktionären einen beträchtlichen Einfluß auf die Geschäftsleitung, zumal da auch der Gouverneur und seine beiden Stellvertreter Aktionäre sein müssen[2]).

Vertreter der Gesellschaft.

Die Banque de France wird ausschließlich durch Aktionäre vertreten, die je nach ihren Amtsbefugnissen den Titel „gouverneur, sous-gouverneur, régent oder censeur“ führen.

Der Gouverneur und seine beiden Stellvertreter bilden das ausführende Organ und vertreten die Bank nach außen[3]).

Die Regenten, 15 an der Zahl, haben als Mitglieder des „Conseil général“ und als Delegierte bei den verschiedenen Ausschüssen (comités), die dieser abzuordnen hat, an der Verwaltung tätigen Anteil[4]).

Die Zensoren (censeurs), der Zahl nach 3, haben den gesamten Geschäftsverkehr der Bank zu überwachen und dabei besonders die Interessen der Aktionäre wahrzunehmen[5]).

Gouverneur und Vizegouverneur.

Der Gouverneur der Banque de France und seine beiden Stellvertreter sind besoldete Staatsbeamte. Sie werden vom Staatsoberhaupt ernannt und beziehen ein Jahresgehalt von 60 000 bzw. je 30 000 Franken[6]).

Sie haben dem Staatsoberhaupt das eidliche Versprechen abzugeben, daß sie die Geschäfte treu, gewissenhaft, dem Gesetz und den Statuten entsprechend leiten wollen[7]). Der Gouverneur muß mindestens hundert, jeder der Vizegouverneure mindestens fünfzig Aktien der Bank im Besitze haben, die weder verkauft noch verpfändet werden dürfen[8]).

Der Gouverneur und die beiden Vizegouverneure müssen während der täglichen Geschäftszeit ständig im Bankgebäude anwesend sein[9]). Der Gouverneur führt den Vorsitz in den Generalversammlungen und in allen Sitzungen des Generalrats (Conseil général)[10]); im Verhinderungsfalle wird er vom dienstältesten Vizegouverneur vertreten[11]).

---

[1]) Gesetz vom 22. April 1806, Art. 12.

[2]) Gesetz vom 22. April 1806, Art. 13.

[3]) Gesetz vom 22. April 1806, Art. 10.

[4]) Gesetz vom 22. April 1806, Art. 8 und 18, sowie Gesetz vom 24. Germinal d. J. XI, Art. 15.

[5]) Gesetz vom 22. April 1806, Art. 8 und 18, sowie Gesetz vom 24. Germinal d. J. XI, Art. 26.

[6]) Gesetz vom 22. April 1806, Art. 12 und 15.

[7]) Gesetz vom 22. April 1806, Art. 16.

[8]) Gesetz vom 22. April 1806, Art. 13, und Dekret vom 16. Januar 1808, Art. 28.

[9]) Dekret vom 16. Januar 1808, Art. 32.

[10]) Gesetz vom 22. April 1806, Art. 19, sowie Dekret vom 16. Januar 1808, Art. 24 und 31.

[11]) Gesetz vom 22. April 1806, Art. 11.

Alle im Namen der Banque de France abgegebenen Willenserklärungen müssen vom Gouverneur unterzeichnet sein; ihm steht ein absolutes Vetorecht zu[1]).

Regenten (régents).

Das Amt der Regenten der Banque de France ist ein unbesoldetes Ehrenamt; jedoch haben die Inhaber Anspruch auf Anwesenheitsgelder[2]). Fünf von den fünfzehn Regenten müssen Kaufleute oder Industrielle sein; drei werden aus den „receveurs généraux des contributions publiques“ (Generalsteuereinnehmern) gewählt[3]). Sämtliche Regenten müssen während der ganzen Dauer ihrer Amtstätigkeit im Besitz von mindestens je 30 Bankaktien sein[4]). In der ordentlichen Generalversammlung scheidet jedes Jahr je ein Fünftel[5]) aus, Wiederwahl ist zulässig[6]). Die Gesamtheit der Regenten bildet in Gemeinschaft mit den drei Gouverneuren und den drei Zensoren den Generalrat (Conseil général). Ihre Haupttätigkeit üben die Regenten als Mitglieder der verschiedenen „Comités“ aus, zu denen sie vom Generalrat abgeordnet werden.

Zensoren (censeurs).

Das Amt der drei Zensoren ist ebenfalls ein unbesoldetes Ehrenamt, dessen Inhaber Anwesenheitsgelder bezieht[7]). Es kann nur Aktionären übertragen werden, die den Kreisen des Handels oder der Industrie angehören[8]) und mindestens je 30 Aktien besitzen[7]).

Die Zensoren haben alle Zweige des Geschäftsverkehrs: Kassenverwaltung, Buchführung, Diskontgeschäft usw. zu überwachen[8]). Sie sind verpflichtet, den Sitzungen des Generalrats beizuwohnen, haben aber nur beratende Stimme[9]). Es steht ihnen zu, Maßregeln vorzuschlagen, die das Gedeihen des Unternehmens zu fördern geeignet sind[10]); ferner aus der vom Generalrat aufgestellten Vorschlagsliste die Mitglieder des „Conseil d'escompte“ (Diskontierungsrates) zu ernennen[11]).

Jährlich scheidet ein Zensor aus; die Wiederwahl ist unbegrenzt gestattet[12]).

---

[1]) Gesetz vom 22. April 1806, Art. 19.
[2]) Gesetz vom 24. Germinal d. J. XI, Art. 20.
[3]) Gesetz vom 22. April 1806, Art. 9.
[4]) Dekret vom 16. Januar 1808, Art. 41.
[5]) Gesetz vom 24. Germinal d. J. XI, Art. 16.
[6]) Gesetz vom 24. Germinal d. J. XI, Art. 19.
[7]) Dekret vom 16. Januar 1808, Art. 41.
[8]) Dekret vom 16. Januar 1808, Art. 42.
[9]) Dekret vom 16. Januar 1808, Art. 34 und 43.
[10]) Dekret vom 16. Januar 1808, Art. 43.
[11]) Gesetz vom 24. Germinal d. J. XI, Art. 18, sowie Dekret vom 16. Januar 1808, Art. 45. Über den „Conseil d'escompte“ siehe S. 24.
[12]) Gesetz vom 24. Germinal d. J. XI, Art. 16 und 19.

Der Generalrat („Conseil général").

Die Verwaltung der Banque de France ist im Generalrat (Conseil général) zentralisiert. Dieser besteht aus[1]:

dem Gouverneur und seinen beiden Stellvertretern;
den Regenten;
den Zensoren.

Der Generalrat erläßt die erforderlichen Dienstanweisungen; er entscheidet über Anstellung, Pensionierung sowie Entlassung der Beamten und stellt ihre Gehälter fest; er bestimmt ferner die Höhe des Notenumlaufs und der Diskontierung, auch unterbreitet er der Generalversammlung den Jahresbericht, den Rechnungsabschluß und die Gewinnverteilung[2]. Endlich wählt er aus seiner Mitte die zu den Ausschüssen (Comités) abzuordnenden Vertreter[3].

Teilung der dem Generalrat obliegenden Geschäfte.

Zur Erledigung der dem Generalrat obliegenden Geschäfte sind ständig fünf verschiedene Ausschüsse tätig[4]:

das „Comité des livres et portefeuilles", zur Überwachung der Buchhaltung sowie der Bestände an Wechseln und Wertpapieren[5];

das „Comité des caisses", zur Revision der Kassen[6];

das „Comité des relations avec le Trésor public", für Verhandlungen mit dem Schatzamt und den Generalsteuereinnehmern[7];

das „Comité d'escompte", zur Prüfung der zu diskontierenden Wechsel[8];

das „Comité des billets", zur Kontrolle des Notenumlaufs[9].

Bankplätze.

Die Banque de France hat ihren Sitz in Paris (Banque centrale). In der Provinz unterhält die Bank zur Zeit 127 „succursales" (Bankhauptstellen) und 61 „bureaux auxiliaires" (Bankstellen). Außerdem gibt es noch 290 „villes rattachées" (angeschlossene Bankplätze). Bei diesen beschränkt sich die Tätigkeit der Banque de France auf das Inkassogeschäft.

Den höchsten Gesamtumsatz weisen in den Jahren 1907 und 1908 folgende „succursales" auf:

---

[1] Dekret vom 16. Januar 1808, Art. 34.
[2] Gesetz vom 22. April 1806, Art. 17.
[3] Dekret vom 16. Januar 1808, Art. 40.
[4] Gesetz vom 22. April 1806, Art. 18.
[5] Dekret vom 16. Januar 1808, Art. 57, 44, 58 und 59.
[6] Dekret vom 16. Januar 1808, Art. 60 und 61.
[7] Dekret vom 16. Januar 1808, Art. 62.
[8] Dekret vom 16. Januar 1808, Art. 47, 48 und 49.
[9] Dekret vom 16. Januar 1808, Art. 44 und 52—56.

	Gesamtumsatz 1907	Gesamtumsatz 1908	Gewinn 1907	Gewinn 1908
	in 1000 Fr.			
1. Lyon	1 119 745	789 396	1024	655
2. Marseille	900 394	757 435	1224	1041
3. Lille	827 643	762 958	961	567
4. Le Havre	808 315	662 058	2173	2242
5. Bordeaux	664 780	596 071	1534	1169
6. Roubaix-Tourcoing .	463 596	386 729	955	545
7. Nancy	375 962	400 991	1193	1287

Im Jahre 1900 arbeiteten 11 „succursales“ mit Verlust Fr. 156 638
„ „ 1905 „ 4 „ „ „ „ 24 900
„ „ 1907 „ 2 „ „ „ „ 11 937
„ „ 1908 „ 2 „ „ „ „ 11 333

Vergleich der Verwaltungsorgane der Banque de France mit denen der Reichsbank.

Ein Vergleich der Verwaltungsorgane beider Banken ergibt, daß zwischen ihnen folgende wesentliche Unterschiede bestehen:

Der Einfluß, den der französische Staat unmittelbar auf die Leitung der Banque de France etwa ausüben könnte, beschränkt sich auf die Berechtigung, den Gouverneur und seine beiden Stellvertreter zu ernennen.

Auch dieses Recht erfährt noch eine nicht unerhebliche Einschränkung durch die Bestimmung, daß diese drei Beamten einen ziemlich bedeutenden Aktienbesitz nachweisen müssen. Alle übrigen Verwaltungsorgane der Banque de France bestehen aus Aktionären und werden entweder direkt von der Generalversammlung (Regenten und Zensoren), oder aber vom „Conseil général“, dieser ausschließlich aus Aktionären bestehenden Verwaltungsbehörde der Bank, gewählt.

Die Organe der Reichsbank sind:

1. Das Bankkuratorium[1]), welches aus dem Reichskanzler oder dessen jeweilig vom Kaiser zu ernennenden Stellvertreter und vier Mitgliedern besteht, von denen drei der Bundesrat und eines der Kaiser bestimmt;

2. Das Reichsbankdirektorium[2]), dessen Präsident und dessen Mitglieder (1908: 7 an der Zahl) auf Vorschlag des Bundesrats vom Kaiser auf Lebenszeit ernannt werden.

Neben diesen beiden für die gesamte Bankverwaltung allein maßgebenden und dem Reichskanzler unterstellten Körperschaften besteht als ständige Vertretung der Anteilseigner der Zentralausschuß[3]), dessen fünfzehn Mitglieder und ebenso viele Stellvertreter je zu einem Drittel alljährlich in der ordentlichen Generalversammlung

---

[1]) Bankgesetz vom 14. März 1875, § 25.
[2]) Bankgesetz vom 14. März 1875, §§ 26 und 27.
[3]) Bankgesetz vom 14. März 1875, §§ 31, 32 und 33.

gewählt werden. Aber dieser Zentralausschuß hat weder Verwaltungsbefugnisse wie die im „Conseil général“ vereinigten Regenten, noch Aufsichtsrechte wie die Zensoren; seine Tätigkeit beschränkt sich darauf, einmal monatlich unter dem Vorsitz des Präsidenten des Reichsbankdirektoriums Einsicht in den Gang der Geschäfte zu nehmen und sich zu verschiedenen Punkten gutachtlich zu äußern, u. a.: über die Höhe des Diskontsatzes und des Lombardzinsfußes und über den Höchstbetrag, bis zu welchem Lombarddarlehn gewährt und Wechsel diskontiert werden sollen.

Die fortlaufende spezielle Kontrolle über die Verwaltung üben, ähnlich wie die Zensoren der Banque de France, drei Deputierte[1]), die von dem Zentralausschuß aus seiner Mitte gewählt werden. Diese sind berechtigt, den Sitzungen des Direktoriums beizuwohnen, haben aber, wie die „Censeurs“, nur beratende Stimme.

* * *

Die Leitung der Reichsbank steht dem Reiche zu und wird unter der Oberaufsicht des Reichskanzlers von Beamten, die die Rechte und Pflichten von Reichsbeamten haben, ausgeübt.

Die Leitung der Banque de France steht der Gesellschaft selbst zu; dabei ist der Staat gegen Übergriffe, die die gesetzlichen Bestimmungen umgehen oder das öffentliche Interesse bedrohen könnten, völlig gesichert durch das Vetorecht des von ihm angestellten und ihm verantwortlichen Gouverneurs.

III. Leistungen an den Staat.

Notensteuer. — Zuschlagssteuer. — Stempelsteuer. — Unverzinsliche Vorschüsse. — Umprägung abgenutzter Münzen. — Allgemeine Steuern. — Vergleich mit der Reichsbank.

Für das der Banque de France verliehene Recht der Notenausgabe hat die Bank dem Staate folgende Gegenleistungen zu gewähren:

1. Eine Notensteuer, die von dem Durchschnittsbetrag der im Umlaufe befindlichen Banknoten zu entrichten ist, soweit dieser über den jeweiligen durchschnittlichen Metallvorrat der Bank hinausgeht. Der Betrag dieser Steuer, welche halbjährlich zu bezahlen ist, wird berechnet, indem man ein Achtel des durchschnittlichen Diskontsatzes mit dem Gesamtbetrage des ungedeckten Notenumlaufs (circulation productive) multipliziert: mindestens sind jedoch 2 Millionen Franken jährlich zu entrichten[2]). Gesetzt also, die Bank hätte im Jahresdurchschnitt 4 Milliarden Edelmetalle in ihren Kellern liegen und dabei 5 Milliarden Banknoten im Umlauf, so wäre eine Milliarde des Notenumlaufs steuerpflichtig.

---

[1]) Bankgesetz vom 14. März 1875, § 34.
[2]) Gesetz vom 17. November 1897, Art. 5.

Gesetzt ferner, der Bankdiskont betrüge während der Umlaufszeit durchschnittlich 4 %, so wären 5 Millionen — d. h. $^1/_8$ von 4 % ($^4/_{800}$) von einer Milliarde — an Steuer zu entrichten. Im Jahre 1908 belief sich diese Steuer auf 5 533 501 Franken.

2. Eine Zuschlagssteuer, die nur dann erhoben wird, wenn der Diskontsatz 5 % überschreitet. In diesem Falle wäre der ganze Mehrertrag zu drei Vierteln dem Staate, zu einem Viertel dem Kapital der Banque de France zu überweisen[1]).

Der Gesetzentwurf überließ diese Gebühr gänzlich dem Reservefonds der Bank. Der Zusatzantrag zugunsten des Staates wurde von dem Abgeordneten Jourdan gestellt und damit begründet, daß ein Diskontsatz über 5 % gleichbedeutend sei mit einem Verlust, den das ganze Land infolge einer Krisis zu tragen habe, daß es daher nur recht und billig sei, den aus einer solchen Belastung sich ergebenden Gewinn wiederum zugunsten der Gesamtheit, des Staates, zu verwenden. Die Kammer schloß sich durch die Annahme des Antrages dieser Auffassung an.

3. Eine Stempelsteuer[2]) von 1,50 Fr. auf je 1000 Fr., berechnet von dem Teil des durchschnittlichen Notenumlaufs, der dem durchschnittlichen Wechsel- und Lombardbestand entspricht. Der übrige Teil des Notenumlaufs wird mit einer Stempelsteuer von 0,20 Fr. auf je 1000 Fr. belegt. Die Stempelsteuer betrug im Jahre 1907: 1 473 000 Fr.

4. Die unentgeltliche Mitwirkung der Bank bei Ein- und Auszahlungen für Rechnung des französischen Staates und die Gewährung von Vorschüssen gegen Schatzscheine (bons du Trésor). Die Vorschüsse haben gegenwärtig die Gesamtsumme von 180 Millionen Franken erreicht und zwar wurden bewilligt:

60	Millionen	laut	Abmachung	vom	10. Juni	1857[3]),
80	„	„	Gesetz	„	13. „	1878[4]),
40	„	„	„	„	17. Nov.	1897[5]).

Diese Vorschüsse sind seit 1897 unverzinslich.

5. Seit 1820 hat die Banque de France außerdem die Umprägung abgenutzter Münzen für ihre Rechnung übernommen.

6. Zu diesen Leistungen, die die Banque de France als Zettelbank zu erfüllen hat, kommen noch die Steuern, denen sie genau so

---

1) Gesetz vom 17. November 1897, Art. 12. Dieses Gesetz änderte die frühere Bestimmung des Gesetzes vom 9. Juni 1857, Art. 8, wonach im Falle einer Erhöhung des Diskontsatzes über 6% hinaus der aus dieser Überschreitung entstehende Gewinn dem Kapital zuzuschlagen war.

2) Gesetz vom 24. Germinal d. J. XI, Art. 35, Gesetz vom 30. Juni 1840, Art. 9, und Gesetz vom 13. Juni 1879, Art. 2.

3) „Traité“ vom 10. Juni 1857, Art. 2.

4) „Convention“ vom 29. März 1878, bestätigt durch das Gesetz vom 13. Juni 1878, Art. 1.

5) „Convention“ vom 31. Oktober 1896, Art. 1, bestätigt durch das Gesetz vom 17. November 1897, Art. 7. Diese 40 Millionen bestehen in einer Kreditgewährung an die ländlichen Vorschußkassen (caisses régionales d'avances aux agriculteurs).

wie jede französische Aktiengesellschaft (société anonyme) unterworfen ist[1]):

	im Jahre 1907
1. Direkte Steuern (Abgaben auf Grundbesitz, Türen und Fenster, Gewerbeschein usw.	Fr. 824 800,
2. 4 % Steuern auf Dividenden	Fr. 1 330 700,
3. Aktienstempelsteuer	Fr. 55 000,
4. 4 % auf verzinsliche Vorschüsse, die an Gesellschaften gewährt werden	Fr. 41 600,
	Fr. 2 252 100.

Vergleich mit der Reichsbank.

Die Reichsbank hat von dem nicht durch Barvorräte gedeckten Notenumlauf, soweit er einen bestimmten ihr zugewiesenen Betrag übersteigt, 5 % Steuer zu entrichten[2]).

Außerdem hat das Reich direkten Anteil am Reingewinn der Bank: aus dem Reingewinn wird zunächst den Anteilseignern eine Dividende von $3^1/_2$ %, von dem Mehrertrag den Anteilseignern ein Viertel, der Reichskasse drei Viertel überwiesen[3]). Das Gesetz vom 1. Juni 1909 fügt hinzu: „jedoch werden von diesem Reste zehn Hundertstel dem Reservefonds zugeschrieben, die je zur Hälfte auf Anteilseigner und Reich entfallen".

Seit dem Inkrafttreten des französischen Bankgesetzes vom 17. November 1897 haben beide Banken folgende Beträge abgeführt:

	Banque de France		Reichsbank		
	Notensteuer Fr.	Zusammen Fr.	Gewinnanteil des Reiches M.	Notensteuer M.	Zusammen M.
1897	2 742 314		9 897 623	767 915	10 665 539
1898	3 242 899	5 834 578	12 058 459	1 927 401	13 985 860
1899	4 857 289	7 746 137	19 133 534	2 847 294	21 980 828
1900	5 655 333	8 783 269	20 824 093	2 517 852	23 341 946
1901	4 107 620	6 977 345	12 770 455	352 684	12 770 455
1902	3 777 141	6 635 835	8 844 779	478 289	9 323 069
1903	4 314 649	7 838 272	12 078 620	805 267	12 883 888
1904	4 521 589	7 595 654	15 907 165	1 118 373	17 025 539
1905	4 225 042	7 304 199	14 329 775	1 651 003	15 980 778
1906	5 332 528	8 721 471	25 472 181	3 692 349	29 164 530
1907	7 357 141	11 082 218	34 510 238	5 600 697	40 110 935
1908	5 533 501	9 120 828	23 052 324	2 564 438	25 616 762

[1]) Siehe „Entretien ...", S. 29.

[2]) Bankgesetz vom 14. März 1874, § 9. Ein neues Gesetz vom 1. Juni 1909 bestimmt, daß „der der Reichsbank zustehende Anteil an dem Gesamtbetrage des der Steuer nicht unterliegenden ungedeckten Notenumlaufs auf 550 Millionen Mark festgesetzt wird. Für die auf Grund der Nachweisungen für den Letzten des März, des Juni, des September und des Dezember aufzustellende Steuerberechnung tritt eine Erhöhung auf 750 Millionen Mark ein" (Art. 2).

[3]) Bankgesetz vom 7. Juni 1899, Art. 2.

Wie man sieht, hat das Deutsche Reich viel höhere Einnahmen von der Reichsbank als Frankreich von der Banque de France.

Freilich hätte die Banque de France, nach dem eben Gesagten, dem Staate eine Zuschlagssteuer zu zahlen, wenn sie einen Diskontsatz von der Höhe des deutschen anwenden und somit 5% überschreiten würde. Nur dadurch, daß sie ihren Diskontsatz immer niedrig hält[1]), entgeht sie dieser Notwendigkeit.

IV. Bestimmungen über die Diskontierung.

Operationen der Bank. — Einheitlichkeit des Diskontsatzes. — Drei Unterschriften. — Ersatz für die dritte Unterschrift. — Vergleich. — Diskontierungsausschuß. — Diskontierungsrat. — Zulassung zur Diskontierung.

Operationen der Banque de France.

Die Banque de France ist befugt, folgende Geschäfte zu treiben:

1. Wechsel und Warrants zu diskontieren[2]);
2. Banknoten auszugeben[3]);
3. Inkassos zu besorgen[4]);
4. Depositen anzunehmen[5]);
5. Zinsbare Darlehne auf Wechsel, Wertpapiere, Gold und Silber zu gewähren[6]).

Einheitlichkeit des Diskontsatzes.

Der „Conseil général" hat zu bestimmen: a) welche Beträge für Wechselankäufe verwendet werden dürfen; b) zu welchem Diskontsatz der Ankauf der Wechsel erfolgen soll[7]).

Die Einheitlichkeit des Diskontsatzes wird durch die Statuten der Bank gewährleistet, denn Art. 14[8]) lautet: „Die Diskontierung erfolgt überall zu demselben Satze wie in Paris — es sei denn, es läge eine Ermächtigung der Regierung vor, hiervon abzuweichen." Dieser Zusatz ermöglicht es der Banque de France in der Provinz — vermutlich im Wettbewerbe gegen die Departementsnotenbanken — einen anderen Diskontsatz zu berechnen als in Paris. Bemerkenswert ist aber, daß das Dekret, welches die Statuten veröffentlichte, sich

---

[1]) Der einzige Fall, wo seit 1897 der Diskontsatz der Banque de France über 5% hinaus erhöht wurde, ist bereits S. 9 erwähnt worden. Es handelte sich um den Ankauf von fremden Wechseln im Jahre 1908.

[2]) Die Banque de France diskontiert „Effets de commerce à ordre", d. h. gezogene und eigene Wechsel, Schecks und außerdem Warrants. Gesetz vom 24. Germinal d. J. XI (14. April 1803), Art. 5, und Dekret vom 16. Januar 1808, Art. 9, § 1.

[3]) Gesetz vom 24. Germinal d. J. XI (14. April 1803), Art. 1.

[4]) Dekret vom 16. Januar 1808, Art. 9, § 2.

[5]) Dekret vom 16. Januar 1808, Art. 9, § 3 und 4.

[6]) Dekret vom 16. Januar 1808, Art. 20.

[7]) Dekret vom 16. Januar 1808, Art. 35.

[8]) Dekret vom 16. Januar 1808, Art. 14.

stets des Wortes „taux" in der Einzahl bedient[1]). worunter nach französischem Sprachgebrauch zweifellos nur ein einheitlicher Satz verstanden werden kann.

Trotzdem behauptet Edmond Théry: „Rien, ni dans les statuts de la Banque de France, ni dans les lois relatives à la concession et aux divers renouvellements de son privilège ne pourrait s'opposer à la suppression de l'uniformité du taux[2])."

Wie dem auch sei, die Banque de France hält streng an dem Grundsatze fest, bei allen ihren Diskontierungen ohne jede Ausnahme den jeweiligen Diskontsatz einheitlich zur Anwendung zu bringen. Dies geschieht, obwohl das beinahe uneingeschränkte Emissionsrecht der Bank die Anwendung verschiedener Diskontsätze sehr gewinnbringend gestalten würde, zumal da die Bank nicht verpflichtet ist, Metalldeckung für die im Umlauf befindlichen Noten bereitzuhalten.

Sowohl Kreditbanken als auch große Unternehmungen anderer Art, z. B. Eisenbahngesellschaften, diskontieren in Frankreich zu verschiedenen Sätzen, je nach der Laufzeit, der Höhe der Wechsel und der Sicherheit, die die Unterschriften bieten.

In Deutschland kann dies bis zu einem gewissen Grade auch seitens der Reichsbank geschehen, und die Bank of England berechnet ebenfalls ihren Kunden verschiedene Bankraten.

Die Reichsbank ist berechtigt, gute Wechsel unter dem offiziellen Diskontsatz hereinzunehmen, sobald dieser weniger als 4% beträgt[3]); man kann daher in Deutschland von einem offiziellen und einem privaten Reichsbankdiskont sprechen. Dabei ist nicht ohne weiteres anzunehmen, daß Marktdiskont und Privatdiskont der Reichsbank sich decken.

Durch die erwähnte Bestimmung wurde die bei der Reichsbank schon seit 1880 übliche Diskontierung zu verschiedenen Sätzen auf die Zeiten geringerer Geldspannung beschränkt. Seit 1897 hat übrigens die Reichsbank keine Privatdiskontierungen mehr vorgenommen, selbst dann nicht, wenn der offizielle Diskontfuß unter 4% heruntergegangen ist.

Drei Unterschriften.

Beim Ankauf von Wechseln läuft der Käufer eine gewisse Gefahr, denn der Wert eines Wechsels beruht ausschließlich auf der Zahlungsfähigkeit der Wechselverpflichteten.

Um das Risiko der Diskontierung möglichst zu verringern, besteht bei der Banque de France die statutenmäßige Vorschrift[4]), daß nur Wechsel mit drei anerkannt guten Unterschriften angekauft werden dürfen.

Damit ist nicht gesagt, daß die drei Unterschriften auf dem Wechsel selbst stehen müssen. Es ist sogar möglich, eine Unterschrift

[1]) Dekret vom 16. Januar 1808; Art. 35 lautet: Der Generalrat bestimmt den Diskontsatz.

[2]) Théry: Les fonctions de la Banque de France, S. 23.

[3]) Gesetz vom 7. Juni 1899, Art. 7, § 1.

[4]) Dekret vom 16. Januar 1808, Art. 11.

für eine unbegrenzte Anzahl von Wechseln ein für allemal abzugeben, und zwar in Form eines „Aval par acte séparé.“ Es ist dies eine Erklärung auf besonderer Urkunde, durch welche eine Person zugunsten einer anderen für alle von dieser verkauften Wechsel, denen eine Unterschrift fehlt, Bürgschaft leistet[1]).

Ersatz für die dritte Unterschrift.

Ferner besteht folgende Ausnahme von dem Erfordernis dreier Unterschriften. Die Banque de France kann auch Wechsel mit zwei anerkannt sicheren Unterschriften ankaufen, wenn als Ersatz für die fehlende dritte Unterschrift hinreichende Sicherung durch Hinterlegung von Bankaktien oder gewissen Wertpapieren[2]) (z. B. Staatspapieren) geboten wird. Ebenso nimmt die Banque de France auch Warrants als Ersatz für eine Unterschrift an, wenn sie über bestimmte Waren ausgestellt sind[3]). Solche Fälle dürften aber in der Praxis nicht oft vorkommen.

Seit einigen Jahren hat die Banque de France sogenannte „gemischte Konten“ (comptes mixtes) eingeführt. Dem Inhaber eines solchen steht das Recht zu, gegen Hinterlegung gewisser Wertpapiere entweder Lombarddarlehen von der Bank zu entnehmen, oder ihr Wechsel mit zwei Unterschriften zur Diskontierung einzureichen[4]).

Trotz der strengen Vorschrift, daß alle Wechsel drei Unterschriften aufweisen müssen, ist also der Fall denkbar, daß ein Wechsel mit nur einer Unterschrift bankfähig ist, dann nämlich, wenn die zweite Unterschrift durch „Aval par acte séparé“ abgegeben und die dritte durch Hinterlegung von Wertpapieren ersetzt worden ist.

* * *

Die Reichsbank diskontiert Wechsel, aus welchen in der Regel drei, mindestens aber zwei als zahlungsfähig bekannte Verpflichtete (eingetragene Firmen) haften[5]).

Trotz der anscheinenden Ähnlichkeit dieser Bestimmung mit der entsprechenden Vorschrift der Banque de France besteht zwischen beiden ein großer Unterschied.

Zunächst verdanken die Wechsel, bei denen die Reichsbank zwei Unterschriften für genügend erachtet, ihren Ankauf dem in der Handelswelt anerkannten guten Rufe der beiden Verpflichteten und lauten demgemäß sehr oft auf große Beträge. Außerdem hängt die Zulassung eines Wechsels mit zwei Unterschriften zur Diskontierung bei der Reichsbank vom Ermessen des betreffenden Leiters der Bankstelle ab. Besondere Formalitäten sind dazu nicht nötig. Tatsächlich besteht daher auch, besonders dem Betrag nach, ein sehr großer Teil der Ankäufe der Reichsbank aus Wechseln mit nur zwei

---

[1]) Vgl. „Entretien de M. Aldrich ...“, S. 20.
[2]) Dekret vom 16. Januar 1808, Art. 12, und Dekret vom 13. Januar 1869, Art. 2.
[3]) Dekret der provisorischen Regierung vom 26. März 1848.
[4]) Vgl. „Entretien de M. Aldrich ...“, S. 20.
[5]) Gesetz vom 14. März 1875, § 13.

Unterschriften. Bei der Banque de France dagegen sind alle weniger als drei Unterschriften aufweisenden Wechsel, sofern sie nicht etwa infolge besonderer Sicherheitsleistungen bankfähig sind, vom Ankauf ausgeschlossen, ohne jede Rücksicht auf das Ansehen, das Aussteller und Akzeptant genießen, also selbst dann, wenn z. B. eine der beiden Unterschriften von der Firma Rothschild herrühren sollte.

Mit anderen Worten, die Banque de France verlangt für jeden Wechsel ausnahmslos drei Garantien, sei es in Form von Unterschriften auf dem Wechsel oder auf einer besonderen Bürgschaftsurkunde, oder in Form einer Hinterlegung gewisser Papiere. Dagegen fordert die Reichsbank, wenn sie Wechsel mit zwei Unterschriften diskontiert, keinen Ersatz für eine dritte Unterschrift und begnügt sich dann also mit zwei Garantien.

Laufzeit.

Nur solche Wechsel dürfen von der Banque de France angekauft werden, die eine Laufzeit von höchstens drei Monaten[1]), vom Tage des Ankaufs an gerechnet, haben.

Sicherheit der umlaufenden Noten ist einerseits durch den Metallvorrat, andrerseits durch die Wechselbestände gegeben.

Die Diskontierung von Wechseln ist die einzig mögliche Form der Kapitalanlage bei einer Notenbank, da die Wechsel mit ihrer verhältnismäßig kurzen Laufzeit am besten den Noten entsprechen, die ja eine unbestimmte Laufzeit haben, aber täglich zur Einlösung vorgelegt werden können. Tatsächlich strömt selbst in kritischen Zeiten immer nur ein Bruchteil der ausgegebenen Noten zur Bank zurück.

Da die Wechsel des Portefeuilles verschiedene Verfalltage haben, so ergibt sich, daß andauernd Geld und Noten bei der Bank eingehen, mit denen ständig neue Diskontierungen vorgenommen werden können.

Diskontierungsausschuß (Comité d'escompte).

Es ist bereits erwähnt worden, daß die Mitglieder des Generalrats der Banque de France in fünf Ausschüssen tätig sind, u. a. im „Comité d'escompte." Dieses „Comité", welches werktäglich eine Sitzung abhält[2]), besteht aus fünf Regenten und vier Mitgliedern eines Diskontierungsrates (Conseil d'escompte)[3]). Es hat die Aufgabe, die von der Banque de France anzukaufenden Wechsel zu prüfen und auszuwählen[4]).

Nachdem das „Comité d'escompte" seine Prüfung vorgenommen hat, unterliegt der von ihm empfohlene Ankauf noch der Genehmigung durch den Gouverneur.

---

1) Dekret vom 16. Januar 1808, Art. 9, § 1.
2) Gesetz vom 30. Juni 1840, Art. 4.
3) Dekret vom 16. Januar 1808, Art. 48.
4) Dekret vom 16. Januar 1808, Art. 49.

Diese für Paris maßgebenden Bestimmungen gelten auch für alle Bankhauptstellen (succursales) in der Provinz; nur tritt bei Besetzung des Diskontierungsausschusses an Stelle des Generalrats und des Diskontierungsrats der Verwaltungsrat der Filiale (Conseil d'administration)[1]). Dieser setzt sich zusammen aus dem Direktor der betreffenden Bankhauptstelle, 6 bis 12 „administrateurs" und 3 Zensoren[2]), die alle Aktionäre sein müssen[3]).

Jede Bankstelle (Bureau auxiliaire) ist bezüglich der Diskontierung von einer Bankhauptstelle abhängig. Die der Bankstelle zum Ankauf vorgelegten Wechsel müssen durch den Diskontierungsausschuß der „Succursale" angenommen werden.

Diskontierungsrat (Conseil d'escompte).

Der Diskontierungsrat besteht aus 12 Aktionären der Banque de France, die in Paris ansässig sein, dem Handelsstande angehören[4]) und wenigstens je 10 Aktien besitzen müssen[5]). Von den zwölf Mitgliedern werden jedes Jahr drei durch die Zensoren gewählt[6]). Hierzu stellt der Generalrat eine Kandidatenliste auf, die dreimal soviel Namen enthält als Stellen zu besetzen sind[7]).

Das Amt ist ein Ehrenamt[8]), jedoch beziehen die Inhaber Anwesenheitsgelder[9]). Ihre Tätigkeit besteht darin, daß je vier von ihnen den Sitzungen des Diskontierungsausschusses (comité d'escompte) mit vollem Stimmrecht[10]) beiwohnen. Sie werden zu diesem Zwecke je für vierzehn Tage abgeordnet und alle acht Tage zur Hälfte abgelöst[11]).

Ihre Beteiligung an den Sitzungen des Diskontierungsausschusses, in denen sie die Kaufmannschaft vertreten, ist von großer Wichtigkeit, weil ihnen am ehesten durch ihre Geschäftsbeziehungen ein maßgebendes Urteil über die Bewertung der Unterschriften zuzutrauen ist.

Zulassung zur Diskontierung.

Die Banque de France diskontiert nur Wechsel, die ihr von Personen übergeben werden, denen sie ein Girokonto eröffnet hat[12]). Die Befugnis, Wechsel zur Diskontierung anzubieten, muß vertragsmäßig festgelegt sein; die Bank unterscheidet demgemäß zwischen einfachen Kontoinhabern (titulaires en compte courant) und solchen,

---

[1]) „Ordonnance du roi" vom 25. März 1841, Art. 27 und 32.
[2]) „Ordonnance du roi" vom 25. März 1841, Art. 17 und 26.
[3]) „Ordonnance du roi" vom 25. März 1841, Art. 23.
[4]) Gesetz vom 24. Germinal d. J. XI, Art. 18.
[5]) Dekret vom 16. Januar 1808, Art. 46.
[6]) Gesetz vom 24. Germinal d. J. XI, Art. 18.
[7]) Dekret vom 16. Januar 1808, Art. 45.
[8]) Gesetz vom 24. Germinal d. J. XI, Art. 20.
[9]) Dekret vom 16. Januar 1808, Art. 47.
[10]) Gesetz vom 24. Germinal d. J. XI, Art. 18.
[11]) Dekret vom 16. Januar 1808, Art. 48.
[12]) Siehe Banque de France — ses opérations — 1906, S. 5.

die zur Diskontierung zugelassen sind (titulaires en compte courant avec faculté d'escompte).

Wer bei der Bank Diskontierungsberechtigung zu erlangen wünscht, hat in Paris dem Gouverneur, in der Provinz dem Direktor der betreffenden Filiale ein von drei Girokontoinhabern der Banque de France mitunterzeichnetes Gesuch zu unterbreiten, in dem der Antragsteller bekennt, mit den Bankbedingungen vertraut zu sein, und sich verpflichtet, auf einfaches Verlangen der Bank ohne Protesterhebung unbezahlte oder mangelhafte Wechsel, die seinen Namen tragen, schon vor Fälligkeit einzulösen. Die gleiche Verpflichtung tritt ein, wenn der Bezogene seine Zahlungen einstellen sollte[1].

Die drei Mitunterzeichner haben zu erklären, daß ihnen der Antragsteller als zuverlässig und zahlungsfähig bekannt ist. Über Zahlungseinstellungen hat der Diskontierungsausschuß besondere Listen zu führen[2]. Auf diese Weise werden in Konkurs geratene Kaufleute von der Diskontierung ausgeschlossen[3].

Angesichts dieser Tatsachen ergibt sich, daß die Zulassung zur Diskontierung bei der Banque de France, d. h. die Eröffnung eines Kontos „avec faculté d'escompte" ein Vertrauensvotum bedeutet, und daß es für jeden Kaufmann und besonders für jeden Bankier Ehrensache ist, in die Liste der zur Diskontierung Berechtigten aufgenommen zu werden.

Wer zurückgewiesen wird, hat das Recht sich zu beschweren, und zwar sind derartige Beschwerden beim Gouverneur und gleichzeitig bei den Zensoren anzubringen[4].

Die Aktionäre haben kein Vorrecht auf Diskontierung[5].

Der Gouverneur und die Vizegouverneure dürfen Wechsel, die mit ihrer Unterschrift versehen sind, nicht zur Diskontierung vorlegen[6].

Wie eben erwähnt, ist jeder, der an die Banque de France Wechsel verkaufen will, gezwungen, sich bei ihr ein Konto in laufender Rechnung eröffnen zu lassen, wenn er nicht bereits Kontoinhaber ist.

Ihren Kontoinhabern zahlt die Bank die Wechselsumme nicht in bar, sondern sie schreibt ihnen den Betrag gut. Hat der Verkäufer des Wechsels das Geld nicht sofort nötig, so verbleibt es so bis auf weiteres im Besitze der Bank. Aber auch wenn er Zahlungsverpflichtungen hat, wird er sein Guthaben nur dann ganz oder teilweise abheben, wenn sein Gläubiger nicht Kontoinhaber ist. Hat dagegen der Gläubiger selbst ein Konto bei der Bank, so wird sich der Schuldner damit begnügen, dem Konto seines Gläubigers den Betrag gutschreiben zu lassen; der Barbestand der Bank wird dadurch nicht verringert.

---

1) Siehe Antragsformular: Formule de demande d'ouverture d'un compte courant.

2) Dekret vom 16. Januar 1808, Art. 51.

3) Siehe Dekret vom 16. Januar 1808, Art. 50.

4) Gesetz vom 24. Germinal d. J. XI, Art. 25.

5) Gesetz vom 24. Germinal d. J. XI, Art. 7, abgeändert durch das Gesetz vom 22. April 1806, Art. 10.

6) Gesetz vom 22. April 1806, Art. 14.

Die Vorschrift, daß nur Wechsel von Kontoinhabern diskontiert werden dürfen, kann somit den Metallvorrat der Bank günstig beeinflussen, und zwar umsomehr, je größer die Zahl der Girokunden ist. Indessen darf man diesen Einfluß nicht zu hoch anschlagen, denn der Kontoinhaber wird aus zweierlei Gründen keine allzuhohen Summen bei der Bank stehen lassen und zwar:

1. Weil die Banque de France ihren Kontoinhabern ebensowenig eine Verzinsung der Guthaben gewährt wie die Reichsbank.

2. Weil die Banque de France, anders wie die Reichsbank, nicht fordert, daß der Kontoinhaber stets ein dem Umsatze entsprechendes Guthaben stehen läßt.

V. Wirtschaftliche Lage.

Wirtschaftliche Lage Frankreichs und Deutschlands nach innen: Bevölkerung. — Industrie. — Bewegliche Werte. — Einfluß auf den Diskontsatz. Wirtschaftliche Lage Frankreichs und Deutschlands nach außen: Handelsbilanz. — Zahlungsbilanz. — Beteiligung am Schiffahrtsverkehr. — Verzinsung vom im Ausland angelegten Kapitalien. — Einnahmen durch Fremdenverkehr. — Ein- und Ausfuhr von Gold.

Die Bevölkerungsziffern Frankreichs und Deutschlands sind für die Jahre 1876, 1901 und 1906 folgende:

(In Tausenden)

	1876	1901	1906	Zunahme 1876—1906
Deutschland .	43 059	56 874	61 177	18 118
Frankreich . .	36 906	38 962	39 252	2 346

Während also die Kopfzahl der Bevölkerung in Frankreich kaum zunimmt, ist die Zahl der Verheiratungen im Steigen begriffen.

Heiraten in Frankreich.

1884	289 255
1899	295 752
1907	314 908

Der Niedergang der Bevölkerungsziffer kann mithin nicht durch Zunahme der Ehelosigkeit erklärt werden. Vielmehr muß die Tatsache, daß man in Frankreich mehr Ehen schließt und gleichwohl weniger Kinder zeugt, als eine Folgeerscheinung des erhöhten Privatwohlstandes gelten; man befolgt das Ein- oder Zweikindersystem, um jedem Kinde ein möglichst hohes Erbteil zu hinterlassen und ihm so ein müheloses Leben zu ermöglichen. Die geringe Zunahme der Bevölkerung wirkt natürlich ungünstig auf den Verbrauch an Bedarfsgegenständen, sie lähmt — von Sonderindustrien abgesehen — die Entwicklung der gewerblichen Tätigkeit, da reichliche Nachfrage im Inlande fehlt und in den meisten Fällen auch nicht durch Absatz nach dem Auslande ersetzt werden kann.

Ferner mangelt es der heranwachsenden Jugend, die dazu erzogen wird, ein behagliches Rentnerleben zu führen, an genügender Tatkraft und an Unternehmungsgeist, Eigenschaften, die für eine gedeihliche Entwicklung der Industrie unerläßlich sind.

In Deutschland geht zunehmender Verbrauch mit dem Anwachsen der Bevölkerung Hand in Hand. Die Volksvermehrung schafft neue Arbeitskräfte, erhöht den Bedarf; insbesondere bedingt sie die Errichtung von Wohnungen, Schulen, Eisenbahnen, Kasernen, Asylen usw.

Die Kosten dafür müssen aus dem Volksvermögen und zwar in erster Linie aus den flüssigen Kapitalien bestritten werden. Hierdurch kann eine gewisse Spannung des Geldmarktes herbeigeführt werden. Die Volksvermehrung begünstigt die Entwicklung von Handel, Gewerbe und Verkehr.

* * *

Gewinnung von Steinkohlen und Braunkohlen.

		1887	1899	1907
Deutschland:	Steinkohlen	60 334	109 290	137 117
	Braunkohlen	15 898	34 204	58 637
	Zusammen:	76 232	143 494	195 754
Frankreich:	Steinkohlen	21 283	32 863	36 930

Eisen- und Stahlindustrie.

	Gußeisen (in Tausenden von Tonnen)		Stahl	
	1891	1906	1891	1906
Deutschland . .	4130	10 834	1849	11 020
Frankreich . . .	1897	3 314	639	1 684

In der elektrischen und in der chemischen Industrie steht Deutschland an der Spitze aller Länder. Ähnliche Fortschritte ließen sich in fast allen anderen deutschen Industrien nachweisen, die die Grundlage für die gewerbliche Entwicklung des Landes bilden.

In Frankreich nur geringer Aufschwung oder gar Stillstand, in Deutschland gewaltiges Ringen, durch das sich die Nation im Laufe eines Vierteljahrhunderts bis zur zweiten Stelle in der Weltindustrie emporgearbeitet hat. Dieser mächtigen Entwicklung der Industrie ist die häufige rege Nachfrage des deutschen Marktes nach Barmitteln zuzuschreiben; die Beschaffung bedeutender Betriebskapitalien hat notwendigerweise eine Anspannung des Geldmarktes zur Folge.

* * *

Wie steht es dagegen mit dem Besitz beider Länder an beweglichen, für den Geldmarkt besonders in Frage kommenden Werten? Léon Say schätzte den Besitz Frankreichs an ausländischen Wertpapieren vor dem Kriege 1870/71 auf 10—12 Milliarden Franken.

Neymarck beziffert ihn für das Jahr 1890 auf 20 und R. G. Lévy für das Jahr 1893 auf $26^1/_2$ Milliarde. In demselben Jahre betrug die Ziffer der in Frankreich nachweisbar angelegten französischen Werte 61 Milliarden.

Für den 31. Dezember 1891 und den 31. Dezember 1907 berechnet E. Théry[1]) die in französischen Händen befindlichen Werte wie folgt: (in Millionen Franken)

Französische Wertpapiere	1891	1907	Zunahme
Französische Renten	25 470	25 568	98
Sonstige an der Börse notierte Werte	33 203	38 448	5 245
Nicht notierte Werte	3 632	4 229	597
Zusammen:	62 305	68 245	5 940
10% davon sind im Ausland untergebracht, also von dieser Summe abzuziehen	6 230	6 824	594
Bleiben:	56 075	61 421	5 346
Hierzu: ausländische Wertpapiere	21 000	37 150	16 150
Summe:	77 075	98 571	21 496

Hiernach ergibt sich ein Vermögen in Wertpapieren von 98 Milliarden, von denen 37 ausländische Papiere sind.

Sparsamkeit ist eine der Haupttugenden des französischen Volkes. Der Franzose lebt sehr mäßig, begnügt sich mit geringem Nutzen, sobald er nur kein Risiko läuft, und legt den Gewinn in inländischen oder ausländischen Papieren an, die er für sicher hält.

Deutschland hatte nach der mittelalterlichen Blüteperiode durch schwere Kriegsnöte so sehr gelitten, daß es noch vor 1870 als relativ unbemittelt galt. Seitdem hat sich ein bedeutender Umschwung vollzogen und der Deutsche ist durch wirtschaftliche und wissenschaftliche Tüchtigkeit zu einem Reichtum gekommen, der vielleicht dem seines westlichen Nachbarn nichts nachgibt. Er verfügt aber nicht immer über die dem Aufschwunge seiner Industrie entsprechenden Barmittel. Denn wenn er auch mit seiner gewerblichen Tätigkeit viel mehr Geld verdient als der Franzose, so wird doch der Gewinn sofort wieder vom Geschäft, das sich fortwährend erweitert, in Anspruch genommen, zumal da die deutsche Gepflogenheit dahin geht, längere Kredite zu gewähren, als sie der Franzose und der Engländer im allgemeinen einräumen. Infolgedessen — und darauf kommt es hier an — herrscht in Deutschland fast immer starke Nachfrage nach Kapital. Das Geld ist also ein so gesuchter Artikel, daß man es recht wohl verstehen kann, wenn der Diskontsatz durchschnittlich höher ist als in dem an Kapitalüberfluß leidenden Frankreich.

* * *

Sind die wirtschaftlichen Beziehungen beider Länder zum Auslande geeignet, die durch die wirtschaftliche Lage im Inland geschaffenen Geldverhältnisse wesentlich zu ändern?

---

[1]) E. Th ry: Les progrès économiques de la France, S. 307.

Ein Vergleich der Handelsbilanzen seit der Zeit, wo die deutschen Freihäfen in das Zollgebiet einbezogen sind, führt zu folgenden Resultaten:

	Deutschland Millionen Mark			Frankreich Millionen Franken		
	Einfuhr	Ausfuhr	Defizit im internationalen Handel	Einfuhr	Ausfuhr	Defizit im internationalen Handel
1890	4273	3409	864	4436	3753	683
1898	5440	4010	1430	4472	3510	962
1903	6002	5014	988	4801	4252	549
1906	8021	6359	1662	5627	5267	360
1907	8746	6850	1896	6047	5542	505

Man ersieht aus dieser Tabelle, daß die Wareneinfuhr sowohl in Frankreich wie in Deutschland die Ausfuhr überwiegt. Das Defizit im internationalen Handel Frankreichs ist jedoch stets weit geringer als dasjenige Deutschlands. Dabei ist es nun aber keineswegs ausgeschlossen, daß ein Land, das mehr Waren einführt als es ausführt, doch Gläubiger des Auslands ist. Die Handelsbilanz gibt nur über die sichtbare Ein- und Ausfuhr Aufschluß, die unsichtbare läßt sie unbeachtet. Mit anderen Worten, nicht die Handelsbilanz, sondern die Zahlungsbilanz ist für die wirtschaftliche Lage eines Landes nach außen maßgebend.

Die Zahlungsbilanz eines Landes ganz genau zu ermitteln, ist nicht möglich. Die Handelsbilanz bildet nur einen Teil davon. Es kommen noch andere Faktoren dazu, von denen für Frankreich und Deutschland hauptsächlich folgende in Frage kommen:

1. Seefrachten im internationalen Verkehr.

Infolge der Übernahme von Seefrachten bezieht besonders England bedeutende Summen aus dem Auslande.

Über die Entwicklung der französischen und deutschen Handelsmarine gibt folgende Tabelle Auskunft; besondere Beachtung darin verdient die Dampfschiffahrt, weil sie je länger, desto mehr die Segelschiffahrt verdrängt, und weil die Dampfschiffe im Durchschnitt 3 bis 4 Reisen zurücklegen in einer Zeit, die die Segelschiffe für eine einzige Reise brauchen.

Dampfschiffe.

	1896		1906	
	Zahl der Schiffe	Raumgehalt in 1000 t	Zahl der Schiffe	Raumgehalt in 1000 t
Deutschland . .	1068	1319	1762	3121
Frankreich . . .	1235	504	1511	723

Die deutsche Marine entwickelt sich also wesentlich schneller als die französische. Folgende Tabelle beweist, daß Frankreich sowohl an Deutschland als auch an England für Güterbeförderung bedeutende Summen zahlt.

Seeverkehr in den französischen Häfen

(in 1000 Tonnen).

	Französisches Monopol[1]		Konkurrenzschiffahrt		Gesamtverkehr	
	1891	1906	1891	1906	1891	1906
Frankreich .	3201	4543	5848	6 684	9 049	11 227
Deutschland .	—	—	1206	7 084		
England . .	—	—	9619	14 246	16 086	30 452
Übrige Länder	—	—	5261	9 122		
					25 135	41 679

Seeverkehr in den deutschen Häfen

(1000 Reg.-Tons).

	1873	1906
Deutsche Schiffe .	5 961	29 876
Fremde Schiffe . .	6 375	21 342
Gesamtverkehr:	12 336	51 218

Während also Frankreich in seinem Seeverkehr immer abhängiger vom Auslande wird, ist Deutschland auf dem Wege, für Beförderung zur See vom Auslande immer mehr Gewinn einzustreichen. Alle fremden Flaggen vereinigt bildeten 1906 nur 40 % des deutschen Seeverkehrs, während sie in Frankreich 75 % ausmachten. Ein Sechstel des Seeverkehrs in französischen Häfen findet unter deutscher Flagge statt.

Hieraus folgt, daß die deutsche Schiffahrt einen beachtenswerten Habenposten für die Zahlungsbilanz bildet, während Frankreich in dieser Richtung immer größere Summen an das Ausland zu entrichten hat. Es darf jedoch nicht unerwähnt bleiben, daß infolge der geographischen Lage Frankreichs nicht aller Verkehr von fremden Schiffen in französischen Häfen für die Zahlungsbilanz in Frage kommt, und zwar deshalb, weil Schiffe häufig nur auf der Durchfahrt anhalten. Außerdem sind die verladenen Waren nicht immer französischen Ursprungs. In diesem Falle ergibt sich sogar eine Forderung Frankreichs an das Herkunftsland, nämlich die Auslagen, die durch den Durchgangsverkehr veranlaßt werden.

---

[1]) Der Seeverkehr zwischen Frankreich und den französischen Kolonien ist ausschließlich französischen Schiffen vorbehalten, bildet also ein Monopol der französischen Flagge.

2. Die Zinsen der im Auslande angelegten Kapitalien.

Es wurde bereits ausgeführt, daß von den 91 Milliarden Mobiliarvermögen, die Frankreich besitzt, 37 Milliarden im Auslande angelegt sind. Letztere Anlage soll augenblicklich, nach der Berechnung Thérys, eine jährliche Verzinsung von ungefähr 1800 Millionen Franken zur Folge haben.

Im Jahre 1904 schätzte man das deutsche im Ausland angelegte Kapital auf $9^1/_2$ Milliarden Mark[1]). Wenn, wie Paul Leroy-Beaulieu glaubt, die deutschen Anlagen im Auslande sowie die französischen jährlich um 1 Milliarde Franken zunehmen, so wird man die deutschen Anlagen in fremden Wertpapieren Ende 1907 auf ca. 13 Milliarden Mark schätzen können. Demnach würde Frankreich nach dieser Richtung hin bedeutend größere Summen vom Ausland beziehen als Deutschland[2]).

3. Der Geldaufwand, den die Fremden machen.

Zunächst handelt es sich um den Aufwand, den Fremde, welche von ihren Zinsen leben, in Frankreich oder in Deutschland machen.

Die Zahl der in den beiden Ländern ansässigen Fremden ist ungefähr die gleiche, nämlich im Jahre 1906 in Deutschland: 1 028 560, in Frankreich: 1 009 415. Dabei darf nicht übersehen werden, daß ein Gesetz vom Jahre 1889 einer ganzen Reihe von Ausländern das französische Bürgerrecht aufzwingt, die, von fremden Eltern in Frankreich geboren, dauernd in Frankreich leben.

Für das Jahr 1900 berechnet Charles Gide[3]) nach der amtlichen Volkszählung die Zahl der in Frankreich von ihrem Gelde lebenden Ausländer auf 66 000 und den Aufwand, den sie machen, auf durchschnittlich 10 000 Franken; das macht also einen Betrag von 660 Millionen, den sie ihrer Heimat entziehen. Es handelt sich dabei besonders um Ausländer, die Paris oder Nizza und Umgebung bewohnen. Das Klima Südfrankreichs und die Vergnügungen des Pariser Lebens ziehen in der Hauptsache wohlhabende Ausländer an. Außerdem fließen Frankreich die Summen zu, welche Reisende in Form von Hotelspesen, Fahrgeldern usw. zurücklassen, auch wenn sie sich nur einige Tage oder Wochen aufhalten.

Auch Deutschland hat bedeutende Einnahmen von Ausländern; man denke nur an den Fremdenverkehr am Rhein, im Schwarzwald und in einigen Badeorten. Gleichwohl scheint es, ohne daß man völlig zuverlässiges Zahlenmaterial dafür beibringen könnte, als ob im Durchschnitt diese Einnahme Deutschlands derjenigen Frankreichs nachstünde.

---

[1]) J. Conrad: Nationalökonomie. Jena 1907, S. 186.

[2]) Allerdings sind Frankreich sowohl als Deutschland, wenn ein fremdes Land Anleihen ausschreibt, während der Dauer der Subskription vorübergehend Schuldner des Auslands, dem sie Bargeld schicken, wenn nicht, wie es mitunter zwischen Frankreich und Rußland geschieht, die neue Anleihe zur Zahlung der Zinsen auf vorhergehende Anleihen abgeschlossen wird.

[3]) Ch. Gide: Principes d'économie politique. Paris 1901, S. 291.

Dabei ist auch zu beachten, daß die Franzosen weniger geneigt sind, ihre Heimat zu verlassen, als die Deutschen, die gern und häufig fremde Länder zum Ziele ihrer Erholungsreisen machen.

* * *

Im großen und ganzen deuten alle diese Erwägungen darauf hin, daß die Zahlungsbilanz Frankreichs günstiger ist als die Deutschlands.

Dem entspricht, wie die folgende Tabelle zeigt, auch die Goldeinfuhr der beiden Länder:

Ein- und Ausfuhr von Gold

	nach Deutschland			nach Frankreich		
	Einfuhr Million. M.	Ausfuhr Million. M.	Mehreinfuhr Million. M.	Einfuhr Million. Fr.	Ausfuhr Million. Fr.	Mehreinfuhr Million. Fr.
1900	277	141	136	459	126	333
1901	290	81	219	429	145	284
1902	139	106	33	441	127	314
1903	281	92	189	328	134	194
1904	454	62	392	655	124	531
1905	307	110	197	779	132	647
1906	361	92	169	492	155	270
			1335			2573

Der internationale Verkehr Frankreichs trägt also ebenso wie der heimische dazu bei, das Geld zu verbilligen und den Diskont niedrig zu gestalten.

Allerdings bewirkt die volkswirtschaftliche Lage Deutschlands dem Auslande gegenüber ebenfalls eine günstige Zahlungsbilanz trotz des Defizits der Handelsbilanz; aber der deutsche Geldbedarf ist in normalen Zeiten so bedeutend, daß die Goldeinfuhr nicht hinreicht, den Diskont wesentlich herabzudrücken.

* * *

Die innere und äußere volkswirtschaftliche Lage eines Landes beeinflußt den Diskontsatz.

Das gilt sowohl vom Privatdiskont als auch vom Bankdiskont. Da jedoch der letztere von der Notenbank festgelegt wird, folgt er der Marktlage nicht so unbedingt wie der Privatdiskont. Aus diesem Grunde erklärt sich die Spannung, die häufig zwischen den beiden Diskontsätzen eintritt. Denn der Bankdiskont untersteht nicht ausschließlich dem Einflusse des Geldmarktes, sondern wird auch berührt von den gesetzlichen Bestimmungen und Verwaltungsmaßregeln, die der Politik der Bank zur Richtschnur dienen.

Besonderer Teil.

Tätigkeit und Politik der Bank von Frankreich.

VI. Bankdiskont, Privatdiskont und Lombardzinsfuß in Deutschland und in Frankreich.

a) Bankdiskont: Diagramm der deutschen und französischen Diskontsätze (Anlage VI). — *Statistischer Vergleich.* — *Schlußbetrachtung.*
b) Privatdiskont: Beherrschung des Marktes durch die Notenbank. — *Privat- und Bankdiskont in Berlin und in Paris.* — *Gleichheit beider Sätze?* — *Vergleich zwischen der Banque de France und der Reichsbank hinsichtlich der Marktbeherrschung.*
c) Lombardzinsfuß: Statistischer Vergleich. — *Unterschied zwischen dem Bankdiskont und dem Lombardzinsfuß bei der Banque de France und der Reichsbank.*

a) Der Bankdiskont.

Schwankungen und Jahresdurchschnitte der Diskontsätze der Banque de France und der Reichsbank seit dem Jahre 1876.

Diagramm siehe Anlage VI.

Jahr	Diskontsätze der Banque de France	Durchschnitt	Diskontsätze der Reichsbank	Durchschnitt	Unterschied
1876	4 — 3	3,40	5 — 6 — 5 — 4 — 3½ — 4 — 4½	4,16	0,76
1877	3 — 2	2,26	4½—4—5—4—5—5½—5—4½	4,42	1,16
1878	2 — 3	2,20	4½ — 4 — 5 — 4½	4,34	2,14
1879	3 — 2 — 3	2,57	4½ — 4 — 3 — 4 — 4½ — 4	3,70	1,13
1880	3 — 2½ — 3½	2,92	4 — 5 — 5½ — 5 — 4½ — 4	4,24	1,32
1881	3½ — 4 — 5	3,84	4 — 5 — 5½ — 5	4,42	0,58
1882	5 — 4½ — 4 — 3½	4,05	5 — 6 — 5 — 4½ — 4 — 5	4,54	0,49
1883	3½ — 3	3,07	5 — 4	4,047	0,97
1884	3	3,00	4	4,00	1,—
1885	3	3,00	4 — 5 — 4½ — 4	4,118	1,11
1886	3	3,00	4 — 3½ — 3 — 3½ — 4 — 5	3,279	0,27
1887	3	3,00	5 — 4 — 3	3,408	0,40
1888	3 — 2 — 3½ — 4½	3,06	3 — 4 — 4½	3,324	0,26
1889	4½ — 4 — 3½ — 3	3,08	4½ — 4 — 3 — 4 — 5	3,676	0,59
1890	3	3,00	5 — 4 — 5 — 5½	4,517	1,51
1891	3	3,00	5½ — 4 — 3½ — 3 — 4	3,776	0,77
1892	3 — 2½	2,69	4 — 3 — 4	3,203	0,51
1893	2½	2,50	4 — 3 — 4 — 5	4,069	1,56
1894	2½	2,50	5 — 4 — 3	3,117	0,61
1895	2½ — 2	2,10	3 — 4	3,139	1,03
1896	2	2,00	4 — 3 — 4 — 5	3,656	1,65
1897	2	2,00	5 — 4 — 3½ — 3 — 4 — 5	3,806	1,80
1898	2 — 3	2,20	5 — 4 — 3 — 4 — 5 — 5½ — 6	4,267	2,06
1899	3 — 3½ — 4½	3,05	6 — 5 — 4½ — 4 — 4½ — 5 — 6 — 7	5,036	1,98
1900	4½ — 4 — 3½ — 3	3,24	7 — 6 — 5½ — 5	5,333	2,09
1901	3	3,00	5 — 4½ — 4 — 3½ — 4	4,099	1,09
1902	3	3,00	4 — 3½ — 3 — 4	3,321	0,32
1903	3	3,00	4 — 3½ — 4	3,837	0,83
1904	3	3,00	4 — 5	4,222	1,22
1905	3	3,00	5 — 4 — 3½ — 3 — 4 — 5 — 5½ — 6	3,817	0,81
1906	3	3,00	6 — 5 — 4½ — 5 — 6 — 7	5,149	2,14
1907	3 — 3½ — 4	3,46	7 — 6 — 5½ — 6½ — 7½	6,033	2,57
1908	4 — 3½ — 3	3,04	7½ — 6½ — 6 — 5½ — 5 — 4½ — 4	4,764	0,72

Aus dem Diagramm (Anlage VI) ebenso wie aus der vorstehenden Tabelle ersieht man:

1. daß der Diskontsatz in Frankreich dauernd niedriger ist als in Deutschland;

2. daß er größere Beständigkeit aufweist als der deutsche. Der Diskont der Reichsbank hat in den letzten zehn Jahren (1899/1908) nicht weniger als 42 mal gewechselt, während innerhalb derselben Zeit der offizielle Diskont in Frankreich nur 9 mal geändert worden ist. Nur einmal im Jahre 1884 ist der Reichsbankdiskont ein volles Jahr lang der gleiche geblieben (4 %); der Diskont der Banque de France dagegen erfuhr keinerlei Änderung während der Jahre: 1875 (4 %), 1884, 1885, 1886 und 1887 (3 %), 1890 und 1891 (3 %), 1893 und 1894 ($2^1/_2$ %), 1896 und 1897 (2 %), 1901, 1902, 1903, 1904, 1905 und 1906 (3 %);

3. daß der französische Bankdiskont nicht unveränderlich feststeht, wie Paul Leroy-Beaulieu behauptet[1]).

Es bedarf keines Hinweises auf die Vorteile, die der Industrie und dem Handel aus einem niedrigen Diskontsatz erwachsen, wenn andrerseits zuzugeben ist, daß eine allzu niedrige Bankrate Zeichen einer wirtschaftlichen Depression sein kann.

Die Beständigkeit des Diskontsatzes hat ebenfalls nicht unwesentliche Vorteile zur Folge: Kaufleute, Gewerbetreibende und Bankiers können bei einigermaßen beständigem Diskontsatze ihre künftigen Verpflichtungen ziemlich genau übersehen, während häufige Schwankungen Unsicherheit bei Berechnung der Herstellungspreise nach sich ziehen. Im Warengeschäft können bedeutende und rasch aufeinander folgende Erhöhungen des Diskonts von 3 auf 5 % z. B. den durch Kalkulation herausgefundenen Gewinn zum Teil oder gar völlig aufheben.

Ferner erschweren häufige Schwankungen des Diskontsatzes den Geschäftsbetrieb. Im Bankgeschäft findet die Zinsenberechnung im Kontokorrentverkehr meist im Anschluß an den Bankdiskont statt. Jede Erhöhung oder Herabsetzung des Zinsfußes kann somit lästige Berechnungen verursachen.

b) Der Privatdiskont.

Dadurch daß sich die Notenbank einen wesentlichen Teil des Diskontgeschäfts sichert, bleibt sie in enger Fühlung mit der Geschäftswelt.

Angenommen, eine Notenbank wollte bei dem gleichen Diskontsatze beharren, während infolge großer Geldflüssigkeit der Privatdiskont mehr und mehr sinkt, so würden die Privatbanken nach und nach einen immer größeren Teil des Diskontgeschäfts an sich reißen. Durch ein solches unzeitgemäßes Verharren auf ein und demselben Diskontsatze, der nicht mehr im richtigen Verhältnis zum Privatdiskont steht, ginge der Notenbank der wichtige Einblick in die wirtschaftliche Lage verloren.

---

[1]) „L'absolue fixité du taux de l'escompte à Paris est une absurdité" („Economiste français" vom 27. Januar 1906).

Dies gilt nicht nur vom Diskontierungsgeschäft, sondern auch vom Rückdiskontierungsgeschäft. Letzteres gibt, ebenso wie die direkte Diskontierung, wenn auch in geringerem Maße, der Notenbank die Möglichkeit, sich ein annäherndes Bild davon zu machen, bis zu welcher Höhe ihr im Falle einer Krisis Wechsel zur Diskontierung angeboten werden könnten.

Aus diesen Gründen muß jeder Notenbank daran gelegen sein, allzuhohe Spannungen zwischen Bankdiskont und Privatdiskont zu verhüten. Dazu stehen ihr zwei Wege offen, entweder sie erniedrigt den Bankdiskont, oder sie versucht ihren Einfluß dahin geltend zu machen, daß der Privatdiskont in die Höhe geht. — Am idealsten würde dieser Einfluß sein, wenn die Notenbank den Diskontmarkt so beherrschte, daß jede Schwankung des Bankdiskontsatzes eine entsprechende Schwankung des Privatdiskontsatzes nach sich zöge.

J. Landmann[1]) hat aus 416 wöchentlichen Feststellungen berechnet, daß die Spannung zwischen Bank- und Privatdiskont in den Jahren 1890—97 betragen hat:

0—$^1/_2$%	in Paris 303 mal	in Berlin 129 mal	in London 97 mal
$^1/_2$—1%	„ „ 80 „	„ „ 119 „	„ „ 124 „
1$^1/_2$—2%	„ „ 2 „	„ „ 40 „	„ „ 17 „
mehr als 2%	„ „ — „	„ „ 2 „	„ „ 2 „
	in Paris 416 mal	in Berlin 416 mal	in London 416 mal

Die folgende Tabelle[2]), die sich auf die Diskontsätze von Paris und Berlin in den Jahren 1898—1908 bezieht, ergibt für 573 Wochenfeststellungen folgendes Bild:

Zahl der Fälle, in denen die Spannung betragen hat:

Jahr	Paris					Berlin				
	höchstens $^1/_2$%	mehr als $^1/_2$% bis 1%	mehr als 1% bis 1$^1/_2$%	mehr als 1$^1/_2$% bis 2%	mehr als 2%	höchstens $^1/_2$%	mehr als $^1/_2$% bis 1%	mehr als 1% bis 1$^1/_2$%	mehr als 1$^1/_2$% bis 2%	mehr als 2%
1898	52	1	—	—	—	18	25	7	3	—
1899	50	—	1	—	—	26	16	9	—	—
1900	52	—	—	—	—	11	28	9	4	—
1901	30	14	8	—	—	5	27	15	5	—
1902	21	21	10	—	—	4	18	28	2	—
1903	47	5	—	—	—	22	17	7	5	1
1904	27	8	5	13	—	2	23	25	3	—
1905	17	11	19	5	—	5	32	8	6	1
1906	45	7	—	—	—	4	24	13	11	—
1907	52	—	—	—	—	12	24	11	5	—
1908	16	10	19	7	—	—	14	32	5	1
	409	77	62	25	—	109	248	164	49	3
Also:										
1898—1902	205	36	19	—	—	64	114	68	14	—
1903—1907	188	31	24	18	—	45	120	64	30	2

1) J. Landmann: System der Diskontpolitik, S. 110.
2) Siehe Anlage IV: Tabellen A bis L.

In dieser Zusammenstellung ist das Jahr 1908 der Krisis wegen nicht berücksichtigt worden.

Aus den genannten Zahlen folgt, daß die Spannung zwischen Bank- und Privatdiskont in der letzten Zeit größer war als in den früheren Jahren. Ferner ergibt sich für Berlin eine im Durchschnitt weit höhere Spannung als für Paris, wo in den Jahren 1899, 1900, 1906 und 1907 beide Sätze fast übereinstimmten[1]).

Wollte man das Jahr 1908 mit in Vergleich ziehen, so würde er auf je fünf Jahre durchgeführt für 1904—1908 in beiden Städten ungünstiger ausfallen:

Zahl der Fälle, in denen die Spannung betragen hat:

Jahre	Paris					Berlin				
	höchstens $^1/_2$%	mehr als $^1/_2$% bis 1%	mehr als 1% bis $1^1/_2$%	mehr als $1^1/_2$% bis 2%	mehr als 2%	höchstens $^1/_2$%	mehr als $^1/_2$% bis 1%	mehr als 1% bis $1^1/_2$%	mehr als $1^1/_2$% bis 2%	mehr als 2%
1899—1903	200	40	19	—	—	68	106	68	16	1
1904—1908	157	36	43	25	—	23	117	89	30	2

Am 16. Mai 1908[2]) ist der Privatdiskont in Paris um $^7/_8$% niedriger als der Bankdiskont, er sinkt am 8. August sogar auf 1% gegen 3%. Während dieser Zeit wachsen die Goldvorräte der Banque de France und erreichen am 24. Dezember 1908 den höchsten Stand, den sie je gehabt hatten[3]), nämlich über drei Milliarden. Es scheint also, als habe der Bankdiskont von 3% den tatsächlichen Verhältnissen nicht entsprochen. Hierfür spricht auch, daß die Metalldeckung der Noten von 75 auf über 90% stieg. Eine Herabsetzung des Bankdiskonts auf $2^1/_2$% würde wohl bereits Ende Mai angezeigt gewesen sein.

Bei alledem ist die Spannung in Paris auch im Jahre 1908 weniger groß gewesen als in Berlin.

Wenn man den Angaben im „Economist“ folgen darf[4]), so tritt öfter der Fall ein, daß der Privatdiskont in Paris den Bankdiskont übersteigt. Das ergibt sich aus den Tabellen C (27. Januar 1900), H (25. November, 30. Dezember 1900) und K (26. Oktober und 2. November 1907). Dieser Umstand ist vielleicht auf die Forderung von mindestens drei Unterschriften auf jedem Wechsel zurückzuführen. Da die Banque de France nur ausnahmsweise Wechsel mit zwei Unterschriften ankauft, selbst wenn die Wechselverpflichteten Namen vom besten Klange haben, sind in Frankreich eine große Anzahl

1) Siehe Tabellen B, C, F, J, K (Anlage IV).

2) Siehe Tabelle L (Anlage IV).

3) Seitdem hat der Goldvorrat weiter zugenommen.

4) Wie aus den Tabellen A bis L (Anlage IV) zu ersehen ist, herrscht bezüglich der Höhe des Bankdiskonts mitunter ein Widerspruch zwischen den Angaben im „Economist“ und den Verwaltungsberichten der beiden Banken.

Wechsel, die in Deutschland bankfähig wären, auf private Diskontierung angewiesen. Zu Zeiten kann daher wohl reichliches Angebot solcher Papiere den Privatdiskont über den Bankdiskont hinaus in die Höhe treiben. In Deutschland wird etwas Derartiges kaum je eintreten, weil die Reichsbank auch Wechsel mit nur zwei guten Unterschriften kauft.

Vielleicht tritt mit aus demselben Grunde völlige Gleichheit des Bank- und Privatdiskontfußes ziemlich oft in Paris ein, eine Erscheinung, die in Deutschland sehr selten ist.

Den Tabellen A bis L zufolge herrschte in Paris sowie in Berlin völlige Übereinstimmung von Bank- und Privatdiskont:

				Paris	Berlin
1898	nach	53	Wochenfeststellungen	15 mal	1 mal
1899	„	51	„	13 „	4 „
1900	„	52	„	21 „	— „
1901	„	52	„	4 „	— „
1902	„	52	„	4 „	— „
1903	„	52	„	1 „	— „
1904	„	53	„	— „	— „
1905	„	52	„	5 „	— „
1906	„	52	„	13 „	— „
1907	„	52	„	11 „	— „
1908	„	52	„	2 „	— „
1898—1908	nach	573	Wochenfeststellungen	89 mal	5 mal

Besonders bei Veränderungen des Bankdiskonts tritt sein Zusammenhang mit dem Privatsatz deutlich zutage. Daß der letztere der Aufwärtsbewegung des Bankdiskonts in Paris ziemlich rasch folgt, mögen einige Beispiele beweisen:

Als am 22. Oktober 1898 der Bankdiskont in Paris[1]) von 2 auf 3 % erhöht wurde, stieg der Privatsatz sofort von 2 auf $2^3/_8$ %, acht Tage später auf $2^3/_4$ %, dann auf $2^7/_8$ % und nach weniger als einem Monat trat wieder völlige Gleichheit beider Sätze ein. Anders dagegen in Berlin: im selben Jahre erhöhte die Reichsbank am 19. November den Diskont von $5^1/_2$ auf 6 %. Auf dem freien Markte blieb der Satz, der damals $4^7/_8$ % betrug, zunächst auf gleicher Höhe, stieg dann auf $5^1/_8$ % und ging über 5, $5^1/_4$, $5^1/_2$, $5^1/_8$ % wieder auf $4^7/_8$ %, also auf seinen anfänglichen Stand zurück.

Im Jahre 1900[2]) nahm die Bewegung einen entgegengesetzten Verlauf:

In Paris:

6.	Januar	Bankdisk.	$4^1/_2$ %;	Privatdisk.	$4^1/_2$ %
13.	„	„	4 %;	„	4 %
27.	„	„	$3^1/_2$ %;	„	$3^7/_8$ %
3.	Febr.	„	$3^1/_2$ %;	„	$3^1/_2$ %

Der Markt wurde sonach in diesem Falle fast völlig von der Banque de France beherrscht.

1) Siehe Tabelle A (Anlage IV).
2) Siehe Tabelle C (Anlage IV).

In Berlin:

6. Januar	Bankdisk.	7 %;	Privatdisk.	$5^5/_8$ %
13. „	„	6 %;	„	$4^1/_4$ %
20. „	„	6 %;	„	$4^1/_8$ %
27. „	„	$5^1/_2$ %;	„	$4^1/_8$ %
3. Febr.	„	$5^1/_2$ %;	„	$3^7/_8$ %

Der Privatdiskont hält sich nicht einmal in gleichem Abstande vom Bankdiskont; die Spannung von $1^3/_8$ am 6. Januar erweitert sich auf $1^5/_8$ am 3. Februar.

Berlin 1901[1]):

21. Sept.	Banksatz:	$3^1/_2$ %;	Privatsatz:	$2^3/_4$ %
28. „	„	4 %;	„	3 %
5. Okt.	„	4 %;	„	$2^3/_4$ %
12. „	„	4 %;	„	$2^1/_2$ %.

Hiernach hat eher eine entgegengesetzte als eine gleichartige Bewegung stattgefunden.

Im Jahre 1908[2]):

	in Paris			in Berlin		
	Bankdisk.	Privatdisk.	Spannung	Bankdisk.	Privatdisk.	Spannung
4. Januar	4	$3^7/_8$	$^1/_8$	$7^1/_2$	6	$1^1/_2$
11. „	$3^1/_2$	$3^1/_2$	0	$7^1/_2$	$4^7/_8$	$2^5/_8$
18. „	$3^1/_2$	$3^3/_8$	$^1/_8$	$6^1/_2$	$5^1/_8$	$1^3/_8$
25. „	3	3	0	$6^1/_2$	$4^1/_2$	2

Die angeführten Beispiele berechtigen wohl zu der Schlußfolgerung, daß die Banque de France im allgemeinen die Marktlage zutreffend beurteilt. Wenn sie das tut, so rechtfertigt sie damit ihre Maßregeln am allerbesten, jedenfalls verdient sie nicht die harte Kritik, die Paul Leroy-Beaulieu an ihr übt, wenn er die „absolute Festigkeit“ des Pariser Diskontsatzes für widersinnig erklärt.

c) Der Lombardzinsfuß.

Der Lombardzinsfuß hängt fast immer vom Diskontsatz ab. Er sinkt nie unter die Diskontrate; nur selten steht er mit ihr gleich. Die Differenz beträgt $^1/_2$ oder 1 %. Eine Steigerung oder Herabsetzung des Diskonts zieht fast immer eine gleiche Veränderung des Lombardzinsfußes nach sich.

Die Banque de France betreibt das Lombardgeschäft erst seit dem Jahre 1880, die Reichsbank lombardiert bereits seit ihrer Gründung und folgt damit dem Beispiele ihrer Vorgängerin, der Preußischen Bank.

Folgende nach den Verwaltungsberichten der Reichsbank und der Banque de France aufgestellte Tabelle enthält eine Vergleichung des Lombardzinsfußes mit dem Diskontsatze seit 1897.

---

[1]) Siehe Tabelle D (Anlage IV).
[2]) Siehe Tabelle L (Anlage IV).

Jahr	Banque de France		Reichsbank	
	Lombardzinsfuß	Diskontsatz	Diskontsatz	Lombardzinsfuß
1897	3	2	5 — 4 — $3^1/_2$ — 3 — 4 — 5	{ $5^1/_4$ — $4^1/_4$ — 4 — $3^1/_2$ / 6 — 5 — $4^1/_2$ — 4 } 4 — 5 — 6
1898	3 — $3^1/_2$	2 — 3	5 — 4 — 3 — 4 — 5 — $5^1/_2$ — 6	6 — 5 — 4 — 5 — 6 — $6^1/_2$ — 7
1899	$3^1/_2$ — 4 — 5	3 — $3^1/_2$ — $4^1/_2$	6 — 5 — $4^1/_2$ — 4 — $4^1/_2$ — 5 — 6 — 7	7 — 6 — $5^1/_2$ — 5 — $5^1/_2$ — 6 — 7 — 8
1900	5 — $4^1/_2$ — 4 — $3^1/_2$	$4^1/_2$ — 4 — $3^1/_2$ — 3	7 — 6 — $5^1/_2$ — 5	8 — 7 — $6^1/_2$ — 6
1901	$3^1/_2$	3	5 — $4^1/_2$ — 4 — $3^1/_2$ — 4	6 — $5^1/_2$ — 5 — $4^1/_2$ — 5
1902	$3^1/_2$	3	4 — $3^1/_2$ — 3 — 4	5 — $4^1/_2$ — 4 — 5
1903	$3^1/_2$	3	4 — $3^1/_2$ — 4	5 — $4^1/_2$ — 5
1904	$3^1/_2$	3	4 — 5	5 — 6
1905	$3^1/_2$	3	5 — 4 — $3^1/_2$ — 3 — 4 — 5 — $5^1/_2$ — 6	6 — 5 — $4^1/_2$ — 4 — 5 — 6 — $6^1/_2$ — 7
1906	$3^1/_2$	3	6 — 5 — $4^1/_2$ — 5 — 6 — 7	7 — 6 — $5^1/_2$ — 6 — 7 — 8
1907	$3^1/_2$ — 4 — $4^1/_2$	3 — $3^1/_2$ — 4	7 — 6 — $5^1/_2$ — $6^1/_2$ — $7^1/_2$	8 — 7 — $6^1/_2$ — $7^1/_2$ — $8^1/_2$
1908	$4^1/_2$ — 4 — $3^1/_2$	4 — $3^1/_2$ — 3	$7^1/_2$ — $6^1/_2$ — 6 — $5^1/_2$ — 5 — $4^1/_2$ — 4	$8^1/_2$ — $7^1/_2$ — 7 — $6^1/_2$ — 6 — $5^1/_2$ — 5

Während dieser zwölf Jahre beträgt also der Unterschied zwischen Bankdiskont und Lombardzinsfuß fast immer $^1/_2$% in Frankreich und 1% in Deutschland.

Ausnahmen fanden bei der Banque de France in den Jahren 1907 und 1908 statt, wie folgender Auszug zeigt:

		Bank-diskont	Lombard-zinsfuß	Unter-schied
1. Januar	1907	3	$3^1/_2$	$^1/_2$
17. „	1907	3	4	1
21. März	1907	$3^1/_2$	4	$^1/_2$
7. November	1907	4	$4^1/_2$	$^1/_2$
9. Januar	1908	$3^1/_2$	$4^1/_2$	1
23. „	1908	3	4	1
29. Mai	1908	3	$3^1/_2$	$^1/_2$

Bei der Reichsbank kam im Jahre 1880 ein ähnlicher Fall vor:

		Bank-diskont	Lombard-zinsfuß	Unter-schied
1. Januar	1880	4	5	1
18. August	1880	5	5	0
4. September	1880	$5^1/_2$	6	$^1/_2$
6. Oktober	1880	5	6	1

Vom 18. August bis zum 4. September 1880, also 17 Tage lang, waren beide Sätze völlig gleich, was sehr selten vorkommt.

Vom 12. März 1880 ab brachte die Reichsbank für Lombarddarlehen zwei verschiedene Sätze zur Anwendung, von denen der eine $^1/_2$% der andere 1% höher als die Diskontrate war. Der niedrigere Satz wurde nur bei Beleihung von Schuldverschreibungen des Reiches oder der Bundesstaaten berechnet. Am 1. Juli 1897 wurde diese Unterscheidung wieder aufgehoben, und seitdem ist der Lombardzins stets 1% höher gewesen als der Diskontsatz. Früher hielt die Banque de France — wie es teilweise 1907 und 1908 der Fall war — den Zinsfuß bald $^1/_2$, bald 1% über dem Diskontsatz.

Seit dem 20. Oktober 1898 beobachtete sie regelmäßig eine Spannung von $^1/_2$% mit den erwähnten Ausnahmen: vom 17. Januar bis 21. März 1907 und 9. Januar bis 29. Mai 1908.

Da der Lombardzinsfuß vom Diskontsatz abhängt, so ist er in Paris bei weitem niedriger und beständiger als in Berlin, zumal da in Paris die Spannung in der Regel nur $^1/_2$% beträgt.

Die Franzosen, die Geld brauchen und deshalb Wertpapiere bei der Bank verpfänden, befinden sich also in einer günstigeren Lage als die Deutschen, die sich den von der Reichsbank gestellten härteren Bedingungen unterwerfen müssen.

Ende des Jahres 1907 z. B. wurden dem Verkäufer von Wechseln bei der Banque de France 4%, bei der Reichsbank $7^1/_2$%, also $3^1/_2$% mehr abgezogen. Wer Effekten lombardierte, zahlte zur nämlichen Zeit in Paris $4^1/_2$% Zinsen, in Berlin $8^1/_2$%, also 4% mehr.

VII. Metallbestand und Notenumlauf.

Statistischer Vergleich zwischen der Banque de France und der Reichsbank. — Folgerungen. — Charakter der französischen und deutschen Banknote.
Ursachen für den großen Goldbestand der Banque de France: I. Zahlungsbilanz; II. Gesetzgebung; III. Geringer Wechselbestand; IV. Zahlungsgepflogenheiten; V. Kleine Noten; VI. Doppelwährung.
Gründe für und gegen einen hohen Metallbestand und einen ausgedehnten Notenumlauf. — Gründe dagegen: I. Geldüberfluß; II. Zunahme des absoluten Betrags ungedeckter Noten; III. Größere Kosten für die Bank; IV. Übertreibung des Notenumlaufs in Kriegszeiten. — *Gründe dafür:* I. Niedriger und beständiger Diskontsatz; II. Goldvorschüsse an fremde Notenbanken; III. Kriegsschatz; IV. Vollkommenere Beherrschung des Marktes.

Aus der Tabelle S. 44 ergibt sich:

1. daß die Metalldeckung des Notenumlaufs bei der Banque de France ziemlich gleichmäßig ist; in der Regel beträgt sie rund 85 %, nur selten weniger als 80 % oder mehr als 90 %;
2. daß die Metalldeckung des Notenumlaufs bei der Reichsbank großen Schwankungen unterworfen ist; von 74 % im Jahre 1876 steigt sie nach und nach auf 96 % im Jahre 1888 und fällt wieder auf 57 % im Jahre 1907;
3. daß der Notenumlauf der Banque de France fortwährend schnell steigt: seit 1876 hat sich der Betrag verdoppelt;
4. daß der Notenumlauf der Reichsbank in ähnlicher Weise zunimmt: im Jahre 1908 betrug er 2,22 mal soviel als im Jahre 1876;
5. daß der Notenumlauf der Banque de France fast beständig 3 bis $3^1/_2$ mal größer ist als der der Reichsbank.
6. daß der Silbervorrat der Banque de France, der früher den Goldbestand überwog, nicht allein diesem gegenüber zurückgegangen ist, sondern sich sogar absolut sehr vermindert hat;
7. daß der Goldvorrat der Banque de France im Jahre 1908 fast das Vierfache des Goldvorrates der Reichsbank betrug.

* * *

Der Notenumlauf der Banque de France ist weitaus größer als der jeder anderen Notenbank.

Ebenso stellt auch der Goldvorrat der Banque de France die stärkste Anhäufung von Edelmetall dar, die irgend eine Bank je gehabt hat.

Aus diesen beiden Tatsachen zusammen läßt sich folgern, daß in Frankreich die Banknote in der Hauptsache einen Ersatz für die Goldmünze bildet.

Jede Banknote ersetzt entweder Wechsel oder Bargeld. Der gesamte Notenumlauf einer Bank hat also als Ersatzmittel für beide zu gelten. Der Notenumlauf bildet nicht nur das Äquivalent für die Bardeckung, sondern auch für den Wechselbestand der Notenbank: durch den Ankauf von Wechseln wird die Ausgabe von Banknoten mit veranlaßt.

Jährlicher Durchschnitt in Millionen Franken bzw. Mark.

Jahr	Metallbestand der Banque de France			Metallbestand der Reichsbank			Notenumlauf der		Verhältnis des Metallbestandes zum Notenumlauf	
	Gold[1]	Silber[1]	Zusammen	Gold[2]	Silber[2]	Zusammen	B. d. Fr.	R.-B.	B. d. Fr. %	R.-B. %
1876	—	—	1987	—	—	510	2484	684	80,0	74,55
1877	—	—	2195	—	—	523	2489	694	88,1	75,27
1878	—	—	2072	—	—	494	2339	622	88,6	79,35
1879	—	—	2115	—	—	534	2199	667	96,1	80,00
1880	—	—	1974	—	—	562	2305	735	85,6	76,47
1881	604,5	1219,5	1824	—	—	556	2576	739	70,7	75,26
1882	906	1140	2046	—	—	548	2732	747	74,9	73,49
1883	982	1045	2027	—	—	601	2926	737	69,2	81,64
1884	1021	1004	2035	—	—	591	2928	732	69,4	80,74
1885	1103	1073	2176	—	—	586	2846	727	76,4	80,57
1886	1302	1120	2422	—	—	693	2789	802	86,8	86,40
1887	1189	1172	2361	—	—	772	2719	860	86,8	89,75
1888	1088,5	1212,5	2301	—	—	903	2676	933	85,9	96,82
1889	1152	1246	2398	—	—	871	2876	987	83,3	88,28
1890	1256	1257	2513	—	—	801	3060	983	82,1	81,41
1891	1279	1254	2533	—	—	893	3084	971	82,7	91,99
1892	1547	1279	2826	—	—	942	3151	984	89,6	95,67
1893	1685	1271	2956	—	—	841	3445	984	85,7	85,47
1894	1821	1262	3083	—	—	934	3476	1000	88,7	93,40
1895	2048	1243	3291	704	307	1011	3526	1095	93,3	92,35
1896	1978	1244	3222	602	289	891	3607	1083	89,3	82,32
1897	1962	1222	3184	591	279	871	3687	1085	86,3	80,27
1898	1875	1225	3100	583	267	850	3694	1124	83,9	75,67
1899	1865	1197	3062	572	252	825	3820	1141	80,1	72,30
1900	2103	1134	3237	570	246	817	4034	1138	82,0	71,77
1901	2410	1105	3516	664	247	911	4115	1190	85,5	76,57
1902	2548	1110	3659	725	256	982	4162	1229	88,0	79,88
1903	2492	1109	3602	650	254	904	4310	1248	84,0	72,47
1904	2564	1113	3678	682	244	926	4283	1288	86,0	71,92
1905	2854	1101	3956	745	227	972	4408	1335	89,76	72,84
1906	2882	1049	3931	674	216	890	4658	1387	84,39	64,23
1907	2703	971	3674	633	209	843	4800	1478	76,54	57,03
1908	3052	904	3956	785	233	1019	4853	1524	81,52	66,86
1909 am 28. I.	3635	884	4519	—	—	—	4993	—	90,50	—

[1]) Die vor dem Jahre 1881 erschienenen Berichte der Banque de France geben keinen Durchschnitt an, sie enthalten folgende Ziffern:

	Silber		Gold	
	Maximum	Minimum	Maximum	Minimum
1876	1544,8	1165,4	639,5	494,5
1877	1556,5	1204,1	866,7	637,1
1878	1202,4	1003,4	1058,8	860,9
1879	1087,8	752,2	1224,6	1055,9
1880	826,9	536,4	1282,5	1212

[2]) Die Verwaltungsberichte der Reichsbank geben den Goldbestand erst seit dem Jahre 1895 an.

Zu welchem Bruchteile wird jede von der Banque de France und von der Reichsbank ausgegebene Note — wenn man von den sonstigen täglich fälligen Verbindlichkeiten (Giroguthaben) absieht[1]) — durch den Metallvorrat oder durch den Wechselbestand der betreffenden Bank gedeckt?

Die Antwort auf diese Frage ergibt sich aus folgender Tabelle:

Durchschnitt in Millionen.

	Banque de France			Reichsbank		
	Notenumlauf	Metallbestand	Wechselbestand	Notenumlauf	Metallbestand	Wechselbestand
1881	2576	1824	1167	739	556	345
1885	2846	2176	784	727	586	372
1890	3060	2513	670	983	801	534
1895	3526	3291	544	1095	1011	573
1900	4034	3237	875	1138	817	800
1901	4115	3516	592	1190	911	845
1902	4162	3659	546	1229	982	775
1903	4310	3602	688	1248	904	845
1904	4283	3678	700	1288	926	823
1905	4408	3956	640	1335	972	908
1906	4658	3931	898	1387	890	989
1907	4800	3674	1125	1478	843	1104
1908	4853	3956	897	1524	1019	967

In den Jahren 1881 und 1908 betrug die Deckung (in Millionen und im Durchschnitt):

	Metallvorrat		Wechselbestand	
	B. d. Fr.	R.-B.	B. d. Fr.	R.-B.
1881: bei der Banque de France für einen Notenumlauf von 2576	1824	—	752[2])	—
Also für jede Note.	71%	—	29%	—
bei der Reichsbank für einen Notenumlauf von 739.	—	556	—	183[2])
Also für jede Note	—	76%	—	24%
1908: bei der Banque de France für einen Notenumlauf von 4853	3956	—	897	—
Also für jede Note.	81%	—	19%	—
bei der Reichsbank für einen Notenumlauf von 1524	—	1019	—	505
Also für jede Note.	—	67%	—	33%

Die französische Banknote ist also im Laufe der Zeiten immer mehr das Surrogat für die Metallvorräte der Banque de France und immer weniger der Ersatz für ihre Wechselbestände geworden.

---

1) Über das Verhältnis der Metallbestände zu den gesamten täglich fälligen Verbindlichkeiten siehe S. 63.

2) 2576 (Notenumlauf) — 1824 (Metallvorrat) = 752; 739 — 556 = 183; usw.

Die deutsche Banknote dagegen ist je länger desto mehr im Austausche gegen Wechsel verausgabt worden.

* * *

Welchen Ursachen ist nun der große Goldbestand der Banque de France zuzuschreiben?

I. Zunächst der fast immer günstigen Zahlungsbilanz Frankreichs, die ihm große Mengen Gold zuführt; dieses geht dann aus dem Verkehr in den Besitz der Banque de France über.

II. Sodann der Gesetzgebung, die die Notenausgabe fast unbeschränkt zuläßt und es dadurch ermöglicht, den Goldumlauf durch Notenumlauf zu ersetzen.

III. Dem geringen Umfang des Diskontgeschäfts der Banque de France. Da die Diskontierungen sich in mäßigen Schranken halten, erfährt der Metallbestand keine große Abnahme durch Auszahlungen.

IV. Den Zahlungsgepflogenheiten des Franzosen. Wenn der Notenumlauf und dementsprechend die Metallbestände der Banque de France so bedeutend sind, so liegt das zum Teil auch daran, daß sich der Franzose mit Vorliebe der Banknoten als Zahlungsmittel bedient; er setzt unbegrenztes Vertrauen in die Bank und greift im allgemeinen nur ungern zum Scheck oder zur Überweisung.

V. Den kleinen Beträgen, auf die die Banknoten lauten; diese erhöhen ihre Verwendbarkeit in allen Schichten der Bevölkerung. Bereits seit 1857 verausgabt die Banque de France Noten von 50 und seit 1848 solche von 100 Franken.

Am 28. Januar 1909 weist der Notenumlauf folgende Zahlen auf:

1 366 948	Noten zu 1000 Franken	Fr. 1 366 948 000
587 418	„ „ 500 „	„ 293 709 000
		Fr. 1 660 657 000

und

26 360 209	Noten zu 100 Franken	Fr. 2 636 020 900
13 899 668	„ „ 50 „	„ 694 983 400
		Fr. 3 331 004 300

Die 50- und 100-Franken-Noten bilden also zwei Drittel des Gesamtumlaufs.

Die 5-, 20- und 25-Franken-Scheine haben nur noch geringe Bedeutung[1]). Sie werden gern von Sammlern zurückbehalten.

Der Notenumlauf der Reichsbank bestand am 31. Dezember aus:

12 907 616	Noten zu 100 Mark	M. 1 290 761 600
1 053 730	„ „ 50 „	„ 52 686 500
1 791 026	„ „ 20 „	„ 35 820 520
		M. 1 382 268 620

und

396 628	Noten zu 1000 Mark	M. 396 628 000

---

[1]) Am 28. Januar 1909 waren nur für 2 314 255 Fr. Noten zu 25, 20 und 5 Fr. in Umlauf.

Auch in Deutschland sind mithin die kleinen Noten sehr verbreitet, im Verhältnis zum Gesamtumlauf sogar weit mehr als in Frankreich. Immerhin liefen in Frankreich anfangs 1908 doppelt soviel kleine Banknoten als in Deutschland um.

VI. Der Doppelwährung. Während die Reichsbank die Einlösung der ihr vorgelegten Banknoten stets in Gold bewirken muß, ist es der Banque de France auf Grund des Bimetallismus möglich, dies in Gold oder in Silberstücken zu 5 Franken zu tun.

Vermöge des Systems der Doppelwährung kann die Banque de France ihren Goldbestand besonders in kritischen Zeiten dadurch schützen, daß sie Zahlungen in Gold nur unter gewissen Bedingungen leistet[1]).

* * *

Was für Gründe sprechen für und gegen die Anhäufung riesiger Goldmengen in den Kellern der Banque de France, sowie für und gegen die wiederholten Erweiterungen des Notenumlaufs?

Gründe dagegen:

1. Da der Metallvorrat der Banque de France und der Notenumlauf gleichzeitig und ständig bedeutend zunehmen, so kann dies zum Geldüberfluß führen.

Gold ist eine Ware, der an sich keine Produktionskraft innewohnt[2]). Der Nutzen des Geldes ist stets nur mittelbar; er beruht auf seinem Tauschwert. Überfluß an gemünztem Gelde ist somit unproduktiver Reichtum. Die reichsten Völker besitzen nicht notwendigerweise das meiste Edelmetall. Nach P. Leroy-Beaulieu besaß Frankreich im Jahre 1897 ungefähr 8 Milliarden Edelmetall: 5 in Gold und 3 in Silber. Seiner Meinung nach[3]) wäre es besser, wenn das Land nur 4 oder 5 Milliarden an Edelmetall besäße und dafür 3 oder 4 Milliarden mehr an Fabriken, Maschinen und Werkzeugen aufweisen könnte. Ein solcher Besitz würde sein Einkommen erhöhen, weil Fabriken, Maschinen und Werkzeuge einen direkten Nutzen bringen können.

Frankreich ließe sich mit einem Privatmann vergleichen, der einen großen Teil seines Barvermögens im Geldschrank eingeschlossen hat.

2. Es ist an der Hand der Statistik bewiesen worden, daß der Metallbestand der Banque de France ungefähr im gleichen Verhältnis mit dem Notenumlauf wächst. Infolgedessen wird auch der Betrag an Noten, für den eine Metalldeckung nicht vorhanden ist, immer größer.

Bei 70 prozentiger Metalldeckung und einem Notenumlauf von 2 Milliarden wären 600 Millionen Noten durch noch nicht fällige Forderungen, z. B. Wechsel, gedeckt. Unter der Voraussetzung, daß

---

[1]) Siehe Goldprämie und mehrfache Deckung, S. 64 und 69.

[2]) Geld ist das staatlich anerkannte Tauschmittel, das eigenen Wert hat (Gothein).

[3]) Paul Leroy-Beaulieu: Précis d'économie politique. Paris 1897, S. 226.

dieses Verhältnis unverändert bleibt, würde Frankreich bei 6 Milliarden Banknoten einen durch Metall nicht gedeckten Notenumlauf von 1800 Millionen haben.

3. Mit dem Steigen der Goldvorräte geht bei der Banque de France ein Zuwachs des Notenumlaufs Hand in Hand, der immer größere Aufwendungen seitens der Bank erforderlich macht.

Hier sei nur erinnert: an die Herstellung, Unterhaltung, Überwachung und Verbuchung der Noten, an die Beförderung der Noten und des zu ihrer Einlösung nötigen Geldes zwischen dem Sitz der Bank und ihren Zweigniederlassungen, an die Aufbewahrung und Bewachung der Gold- und Silberbestände und an die Stempelsteuer, die die Banque de France mit 20 c. bzw. 1 Fr. 50 für je 1000 Franken des Notenumlaufs zu entrichten hat[1]).

4. Da der Notenumlauf der Banque de France schon im Frieden 5 Milliarden übersteigt, so würde er in Kriegszeiten eine riesige Ausdehnung erfahren. Denn die Kosten eines modernen Krieges sind unberechenbar. Die Bank würde infolge des Zwangskurses, der sofort verhängt werden müßte, nicht mehr verpflichtet sein, ihre Noten in bar einzulösen; außerdem würde sie ihre Vorschüsse möglichst in Noten leisten, um ihren Metallbestand nicht anzugreifen. Infolgedessen müßte eine Entwertung der Noten eintreten.

Der 1870er Krieg hat folgende Wirkung auf den Notenumlauf der Banque de France gehabt:

	Am	18. Juli	1871	betrug	dieser	1481	Millionen	Franken
	am	3. November	1871	„	„	2289	„	„
und	am	8. „	1873	„	„	3009	„	„

Der Notenumlauf ist also in $3^1/_2$ Jahren mehr als verdoppelt worden.

Wenn somit einerseits ein beträchtlicher Notenumlauf zu einer Übertreibung der Notenausgabe im Kriegsfalle führen kann, darf andererseits nicht außer acht gelassen werden, daß gerade in solchen schweren Zeiten ein bedeutender Metallbestand sehr wertvoll ist[2]).

Gründe dafür:

1. Große Metallvorräte sind die beste Bürgschaft für einen niedrigen und beständigen Diskontsatz.

Da die Diskontrate von der Menge des Geldes und der Geldsurrogate beeinflußt wird, geht sie in die Höhe, wenn es an flüssigen Kapitalien fehlt. Die in der Bank liegenden Edelmetalle aber sind Vorräte an flüssigen Kapitalien. Die über gewaltige Barvorräte verfügende Banque de France ist bei stärkerer Geldnachfrage nicht sogleich gezwungen, ihren Diskont zu erhöhen. Sie kann eine ganze Zeitlang den an sie gestellten Anforderungen genügen und Bargeld

[1]) Siehe S. 18.
[2]) Siehe S. 50.

ausgeben, ohne den Diskontsatz zu ändern. Erst wenn die Geldnachfrage wirklich beunruhigenden Umfang annimmt, entschließt sie sich zu dieser Maßregel. In Zeiten des Überflusses strömt das Geld der Bank zu, in Zeiten der Geldknappheit stellt sie es dem Handel zur Verfügung; ihr Metallbestand ist so bedeutend, daß er von Spannungen des Geldmarktes wenig berührt wird.

Wiederholt hat die Verwaltung der Banque de France darauf hingewiesen, daß sie ihren beständigen niedrigen Diskont nur dank ihren ungeheuren Metallvorräten aufrecht erhalten könne. Unter anderem sagt der 1907 erschienene Jahresbericht: „Man hat gegen die großen Metallbestände geltend gemacht, daß sie das Geld unproduktiv machen. Wollte man aber bedenken, daß das Vorhandensein dieser Vorräte in unseren Kassen uns ermöglicht, mehreren Milliarden Wechseln des Inlandes einen Diskont zu gewähren, der 3 %, mitunter 4 % niedriger als der Diskont in den Nachbarländern ist, so wird man zu dem Schlusse kommen, daß diese Goldvorräte dem Handel und der Industrie unseres Landes recht schätzbare Dienste geleistet haben[1]).“

Diese Behauptung läßt sich ziffermäßig beweisen, wie aus Tabelle M ersichtlich ist[2]).

Wenn die Reichsbank seit ihrer Gründung den gleichen Diskontfuß wie die Banque de France eingehalten hätte, würde sie innerhalb der Zeit von 1876 bis einschließlich 1908 nur 557 Millionen Mark Gewinn aus dem Diskontgeschäft gehabt haben. Tatsächlich betrug der betreffende Gewinn aber 783 Millionen Mark. Die Differenz von 226 Millionen, also fast 30 % des Gesamtertrags, wäre dem Handel und der Industrie Deutschlands zugute gekommen. Dabei bilden die Diskontgeschäfte der Reichsbank doch nur einen Bruchteil der Gesamtdiskontierungen in dem ganzen Lande.

Freilich darf nicht unbeachtet bleiben, daß der gewaltige Goldbestand der Banque de France, dem der niedrige und beständige Diskont in erster Linie zu verdanken ist, selbst von einer Reihe schon erwähnter Momente abhängig ist, die eben für Deutschland überhaupt nicht oder nur in vermindertem Maße zutreffen.

2. Dank ihrem ungeheuren Metallbestand ist die Banque de France wiederholt in der Lage gewesen, der Bank of England Goldvorschüsse zu leisten. Dadurch hat sie, wie noch zu erörtern ist[3]), eine allzustarke Spannung des internationalen Geldmarktes mit ihren auch für den nationalen Markt ungünstigen Folgen vermieden und zugleich einen besonders hohen Gewinn erzielt.

Am 5. November 1907 hat die Banque de France der Bank of England mit 80 Millionen Franken in Gold ausgeholfen. Angenommen, die Reichsbank hätte in diesem Jahre, dem Beispiele der Banque de France folgend, der Bank of England 64 Millionen Mark (ungefähr 80 Millionen Franken) in Gold geliehen, so ergäbe sich folgendes Bild.

---

1) Verwaltungsbericht der Banque de France für das Jahr 1906, S. 8.
2) Siehe Anlage IV: Tabelle M.
3) Siehe Devisenpolitik, S. 71ff.

Durchschnitt in Millionen (im Jahre 1907).

Banque de France				Reichsbank			
Gesamtmetallbestand	Goldbestand	Gesamtmetall- bestand weniger 80 Mill. Fr. Abnahme in %	Gold- bestand weniger 80 Mill. Fr. Abnahme in %	Gesamtmetallbestand	Goldbestand	Gesamtmetall- bestand weniger 64 Mill. M. Abnahme in %	Gold- bestand weniger 64 Mill. M. Abnahme in %
3674	2703	2,1	2,9	843	633	7,8	10,1

Keine Notenbank kann mit Ruhe einen plötzlichen Abfluß von über 10 % ihres Goldvorrates mit ansehen. Die Banque de France konnte dagegen ohne Unbehagen der Bank of England 2,9 % ihres Goldbestandes zur Verfügung stellen.

Allerdings hat die Banque de France gleichzeitig ihren Diskont von $3^1/_2$% auf 4 % erhöht, aber nicht wegen Abnahme des Goldbestandes, sondern in der Hauptsache aus Rücksicht auf den großen Abstand, der zwischen ihrem Satze von $3^1/_2$% und demjenigen der Reichsbank ($6^1/_2$%) und der Bank of England (6 %) vorhanden war. Übrigens stieg der Diskont noch am gleichen Tage in London auf 7 % und in Berlin auf $7^1/_2$%.

3. Der große Bestand an Edelmetallen der Banque de France wird politisch betrachtet außerordentlich wertvoll in Kriegszeiten, weil er dann den Kriegsschatz bildet.

Der Staat und die Bank gehen Hand in Hand: die Regierung begünstigt die Aufspeicherung großer Goldvorräte, indem sie die Noten der Banque de France als gesetzliche Zahlungsmittel anerkennt und den Notenumlauf praktisch nicht beschränkt; dagegen stellt die Banque de France im Kriegsfalle dem Lande ihren Metallbestand zur Verfügung, unter der Voraussetzung, daß der Staat ihren Banknoten Zwangskurs beilegt, und sie so von der Verpflichtung der Bareinlösung befreit. Gegebenenfalls würde sich die Regierung wohl hüten, rücksichtslos mit diesen Goldschätzen zu wirtschaften und so die Interessen der Bank und mehr noch die des Landes zu schädigen.

Im Jahre 1871 hat die Banque de France bei einem Metallbestand von 650 Millionen Franken dem Staate mehr als anderthalb Milliarden geliehen[1]) und zugleich dem Geldbedürfnis des ganzen Landes genügt, ohne daß ihre Banknoten im geringsten entwertet worden wären.

Welcher Zustand wäre eingetreten, wenn die Regierung zunächst die 650 Millionen Barbestand erschöpft und dann für rund $2^1/_2$ Milliarden[2]) Banknoten mit Zwangskurs in Umlauf gesetzt hätte? Man darf annehmen, daß für dieses Papiergeld eine empfindliche Ent-

---

[1]) Siehe Pommier op. cit. S. 242.

[2]) Am 18. Juli 1871 betrug der Notenumlauf 1481 Millionen Fr. In den Jahren 1871 und 1872 erhielt der Staat 1485 Millionen Fr. von der Bank. Am 8. November 1873 belief sich der Notenumlauf auf 3009 Millionen Fr. Hätte die Bank zunächst 650 Millionen bar ausgegeben, so wären: 3009 — 650 = 2359 Millionen Noten mit Zwangskurs und ohne Metalldeckung in Umlauf gewesen.

wertung eingetreten und damit zum größten Schaden des Landes der Kredit der Banque de France ernstlich gefährdet worden wäre.

4. Ein bedeutender Metallbestand trägt dazu bei, daß die Notenbank den Markt besser beherrscht. Sie ist nicht abhängig von der Höhe der Auszahlungen und kann ruhig eine vorübergehende Verminderung ihrer Metallvorräte mit ansehen, ohne deshalb ihren Diskontsatz zu erhöhen.

Notenbanken mit geringem Metallbestande sind bei jeder erheblichen Abnahme ihrer Barreserven, wie sie insbesondere bei einer Vermehrung der Wechselbestände eintritt, gezwungen, ihren Diskontsatz zu erhöhen, auch wenn die Lage des Marktes solche Erhöhungen nicht fordert. Infolgedessen wird der Diskont nicht sehr beständig sein und häufig der Marktlage nicht entsprechen.

Ihrem gewaltigen Metallbestande hat die Banque de France es mit zu verdanken, daß sie den heimischen Markt besser beherrscht als die Reichsbank[1]).

VIII. Wechsel- und Lombardbestand.

a) Wechselbestand: Vergleichende Tabelle. — Drei Garantien und einheitlicher Diskontsatz. — Rückdiskontierung. — Wechselbestand der Banque de France, der Reichsbank und einiger großer Kreditanstalten. — Vergleichende Tabelle der durchschnittlichen Beträge und Laufzeiten der Wechsel. — Wechsel bis zu 100 Fr. bzw. M. im Bestande der beiden Banken. — Folgerungen. — Einfluß auf den Diskontsatz. — Gründe gegen die dritte Garantie. — Prüfung dieser Gründe.

b) Lombardbestand: Vergleichende Tabelle. — Betrachtungen.

a) Wechselbestand.

Um die Entwicklung und den gegenwärtigen Stand der Diskontierungen der Banque de France beurteilen zu können, empfiehlt es sich, zunächst ihren jährlichen Gesamtbetrag sowie die Anzahl der diskontierten Wechsel mit den entsprechenden Ziffern der Reichsbank zu vergleichen (siehe Tabelle auf S. 52).

Aus diesem Vergleiche geht folgendes hervor:

1. Die Umsatzziffer in Diskonten bei der Reichsbank steigt rascher als bei der Banque de France.

2. Die Anzahl der angekauften Wechsel wächst schneller bei der Banque de France als bei der Reichsbank.

* * *

Wie bereits ausgeführt worden ist, fallen für den Wechselbestand bei der Banque de France am meisten die Bestimmungen über die drei Unterschriften (bzw. Garantien) und den einheitlichen Diskontsatz ins Gewicht.

Warum werden für die der Banque de France zum Ankaufe angebotenen Wechsel drei Unterschriften gefordert?

---

1) Siehe S. 36ff. und Tabelle A bis L (Anlage IV).

Angekaufte Wechsel[1]).

Jahr	Gesamtsumme in Millionen		Anzahl in Tausenden	
	B. de Fr.	R.-B.	B. de Fr.	R.-B.
1876	7397	4141	6393	2564
1877	7569	3842	7002	2512
1878	7603	3396	7274	2367
1879	7261	3409	8071	2375
1880	8697	3542	9185	2319
1881	11374	3719	10494	2308
1882	11322	4043	11049	2387
1883	10827	3846	11602	2293
1884	10385	3824	11801	2231
1885	9250	3637	11660	2190
1886	8303	3664	10477	2188
1887	8269	4020	11579	2387
1888	8686	3973	11958	2477
1889	9180	4698	12368	2786
1890	9609	5489	12580	3152
1891	9969	5492	13277	3321
1892	8416	4894	13089	3129
1893	8922	5427	13294	3309
1894	8725	4783	13409	3152
1895	8622	5220	13382	3215
1896	9925	6289	14199	3600
1897	10365	6661	14682	3839
1898	11032	7364	15301	4112
1899	11746	8306	16172	4278
1900	12248	8764	16785	4437
1901	9936	8749	16867	4538
1902	9556	7618	17454	4388
1903	11685	8739	18436	4653
1904	10834	8554	19115	4690
1905	10968	9176	19150	4782
1906	13981	10506	10465	5085
1907	15769	12150	21540	5432
1908	12800	10105	21854	5175

Eine einzige Unterschrift, also die des Ausstellers, würde im allgemeinen nur ungenügende Sicherheit bieten. Die zweite Unterschrift, die des Akzeptanten, beweist, von Gefälligkeitswechseln abgesehen, daß der Ziehung ein wirkliches Geschäft zugrunde liegt.

Die dritte Unterschrift, deren Forderung von vielen als überflüssig erachtet wird, begründet für die Bank ein weiteres Regreß-

[1]) Nicht dazu gerechnet sind die Auftragspapiere zur Einziehung (effets au comptant): z. B. im Jahre 1908 bei der Banque de France: 3210(671) Stück für 618(027 900) Fr., bei der Reichsbank 119(435) Stück für 152(452 870) M.

recht für den Fall, daß der Bezogene nicht zahlt. Außerdem erhöht sie, theoretisch betrachtet, die Wahrscheinlichkeit einer glatten Einlösung, weil man voraussetzen darf, daß der dritte Unterzeichner den Wert der vorhandenen Unterschriften prüft, bevor er den Wechsel indossiert und damit eine Zahlungsverpflichtung übernimmt.

* * *

Welches sind nun die Folgen dieser beiden Vorschriften der Banque de France: 1. drei gute Unterschriften bzw. Garantien, 2. einheitlicher Diskontsatz?

Die Kaufleute sehen sich vielfach gezwungen, die Wechsel mit zwei Unterschriften an Privatbankiers zu verkaufen; es ist dies auch vorteilhafter für sie, da die Banque de France am einheitlichen Diskontsatz festhält, während die Bankiers zu dem billigeren Privatsatz diskontieren. Diese können die Banque de France zur Rückdiskontierung in Anspruch nehmen, da die Wechsel durch die Unterschrift des zweiten Verkäufers bankfähig werden. Auf diese Weise wird die Banque de France zum Bankier der übrigen Bankhäuser.

Durch die Rückdiskontierung ist die Banque de France aus einer Diskontobank teilweise in eine Bank für Inkassogeschäfte verwandelt worden. Denn die Privatbankiers bedienen sich der Banque de France zur Einziehung der Wechselbeträge, indem sie ihr die fällig werdenden Wechsel in der Regel erst möglichst kurz vor Verfall[1]) weiterverkaufen.

In welchem Umfange die von den Notenbanken Deutschlands und Frankreichs zum Ankauf übernommenen Wechsel durch andere Bankhäuser eingereicht werden, läßt sich nicht feststellen; nach dieser Richtung hin sind die Jahresberichte und die Bankleitungen gleich stumm.

Indessen hat der Gouverneur der Banque de France im Herbst des Jahres 1908 ausdrücklich anerkannt, daß für das seiner Leitung unterstehende Bankinstitut das Diskontgeschäft mit Bankhäusern beträchtlicher sei als das mit anderen Firmen und Privatpersonen[2]).

Die unleugbar ungünstige Beeinflussung, die das Diskontgeschäft der Banque de France durch die Bestimmungen über die drei Garantien und den einheitlichen Diskontsatz erfährt, macht sich in besonders fühlbarer Weise geltend in bezug auf erstklassige Diskonten: da nämlich die Privatbanken billiger diskontieren als die Notenbank mit ihrem streng einheitlichen Diskontsatz, so ziehen sie besonders diejenigen Wechsel an sich, die als „effets négociables" bezeichnet werden. Hierunter versteht man in Frankreich Wechsel im Mindestbetrage von 3000 Franken und mit wenigstens 30 Tagen Laufzeit. Die „effets négociables" dürfen nicht mit bankfähigem Papiere verwechselt werden; sie sind oft nicht bankfähig, weil ihnen die dritte Unterschrift fehlt. Andererseits sind nach dem Gesagten viele bankfähige Wechsel nicht zu den „negociablen" zu rechnen.

---

[1]) Wie die Reichsbank, berechnet auch die Banque de France eine Mindestlaufzeit: 5 Banktage für die Wechsel auf oder aus Paris sowie für Platzwechsel; 8 Banktage für alle übrigen bankfähigen Wechsel.

[2]) Entretien de M. Aldrich avec M. G. Pallain, vom 26. September 1908, S. 25.

Die Kreditbanken Frankreichs machen also der Banque de France in bezug auf Menge und Güte der Diskonten den Rang streitig.

Zur näheren Prüfung dieser Behauptung sollen noch folgende Feststellungen herangezogen werden:

I. Höhe des Wechselbestandes der großen Pariser Kreditbanken sowie der Banque de France am Schlusse jedes Jahres.

II. Durchschnitt der Laufzeit und des Betrages der von der Banque de France diskontierten Wechsel.

III. Anzahl der Wechsel bis zu 100 Franken, die von der Banque de France diskontiert worden sind. Diese letztere Feststellung muß sich auf die Pariser Zentrale der Banque de France beschränken, da die entsprechenden Zahlen für die übrigen Bankstellen leider nicht zu ermitteln sind.

Außerdem sollen die Resultate, der besseren Beurteilung wegen, soweit als möglich mit den Angaben für Deutschland verglichen werden.

I.

Wechselbestände der vier größten Pariser Kreditbanken verglichen mit denjenigen der Banque de France am 31. Dezember der Jahre 1881—1908.

Jahr	Crédit Lyonnais Million. Fr.	Comptoir national d'escompte Million. Fr.	Société générale Million. Fr.	Crédit industriel et commercial Million. Fr.	Gesamtsumme für die vier Kreditbanken Million. Fr.	Banque de France [1]) Million. Fr.
1881	178	111	98	64	451	1324
1882	131	98	115	68	412	980
1883	187	102	111	70	470	1029
1884	164	87	109	91	451	877
1885	228	129	118	83	558	616
1886	244	100	116	80	544	549
1887	265	94	125	78	562	534
1888	324	121	156	94	695	605
1889	412	98	131	87	728	681
1890	460	140	134	88	822	868
1891	544	117	134	79	874	664
1892	503	148	121	74	846	508
1893	527	153	120	62	862	560
1894	585	172	141	63	961	453
1895	522	220	137	56	935	625
1896	552	238	184	66	1040	790
1897	570	267	219	57	1113	812
1898	613	308	226	51	1198	901
1899	626	304	283	55	1268	1049
1900	759	334	304	63	1460	848
1901	859	362	320	70	1611	793
1902	801	390	375	79	1645	625
1903	836	407	429	67	1739	1040
1904	1025	504	493	87	2109	765
1905	1030	547	416	102	2095	1098
1906	1137	652	569	130	2488	1255
1907	1094	633	531	116	2374	1216
1908	1187	637	660	126	2610	654

[1]) Nach dem letzten vor dem Jahresschluß erschienenen Ausweise.

Während der Wechselbestand der Banque de France am Schlusse des Jahres 1881 dreimal so groß war, als derjenige der vier größten Pariser Kreditbanken zusammen, schwankt er seit dem Jahre 1901 zwischen $^1/_2$ und $^1/_3$ der Gesamtsumme derselben Banken.

Für die Berliner Kreditbanken und die Reichsbank stellen sich die entsprechenden Ziffern wie folgt:

Wechselbestände der wichtigsten Berliner Kreditbanken verglichen mit denjenigen der Reichsbank am Schlusse der Jahre 1860—1908.

Jahr	Deutsche Bank Million. M.	Dresdner Bank Million. M.	Diskonto-Gesellschaft Million. M.	Darmstädter Bank Million. M.	Berliner Handelsgesellschaft Million. M.	Nationalbank für Deutschland Million. M.	Gesamtsumme für die sechs Kreditbanken Million. M.	Reichsbank Million. M.
1860	—	—	12	1	1	—	14	—
1865	—	—	11	3	0,9	—	14,9	—
1870	1,9	—	17	3	1	—	22,9	—
1875	30	5	22	14	9	—	80	444 (1876)
1880	37	4	37	7	8	—	93	376
1885	72	21	89	14	20	7	223	434
1890	126	33	67	17	22	18	283	609
1898	223	89	89	17	47	37	492	837
1899	236	122	80	20	50	36	544	1051
1900	300	150	101	26	52	45	674	1013
1901	345	109	104	28	56	33	675	955
1902	334	115	135	42	58	33	717	974
1903	343	116	125	46	61	36	727	1095
1904	423	161	141	69	67	41	902	966
1905	461	177	152	95	69	57	1011	1175
1906	540	243	176	108	75	65	1207	1277
1907	631	218	154	117	89	66	1275	1470
1908	539	248	158	147	92	59	1243	1161

Ein Vergleich zwischen Paris und Berlin ergibt also, daß die Reichsbank dem Wettbewerb der Kreditbanken auf dem Diskontmarkt viel besser gewachsen ist als die Banque de France. Dementsprechend sind die Summen der Wechselbestände der Pariser Kreditbanken wesentlich höher als die der Berliner Kreditanstalten.

Dies alles beweist zur Genüge, daß die Banque de France infolge der drei Garantien und des einheitlichen Diskontsatzes gegen eine von Jahr zu Jahr stärker werdende Konkurrenz bezüglich der Menge der Diskonten zu kämpfen hat.

II.

Die „negociablen“ Wechsel, die über Beträge von wenigstens 3000 Franken lauten und eine Laufzeit von mindestens 30 Tagen haben, werden nur zum verhältnismäßig geringen Teil durch die Banque de France diskontiert. Denn von den Kreditanstalten werden diese Wechsel naturgemäß bevorzugt, die niedrigen Wechsel dagegen und die mit kurzer Laufzeit eher vernachlässigt.

Je stärker also der Wettbewerb der Kreditbanken wurde, desto weiter ging der Durchschnitt sowohl des Betrages als auch der Laufzeit der von der Banque de France diskontierten Wechsel zurück.

Ein Vergleich der beiden Notenbanken nach dieser Richtung hin führt zu folgendem Ergebnis:

Jahr	Banque de France		Reichsbank			
			Durchschnittsbeträge		Durchschnittliche Laufzeit	
	Durchschnittsbeträge Fr.	Durchschnittliche Laufzeit Tage	Platzwechsel M.	Versandwechsel M.	Platzwechsel Tage	Versandwechsel Tage
1830	2246	57	—	—	—	—
1835	1549	65	—	—	—	—
1845	1155	47	—	—	—	—
1850	990	35	—	—	—	—
1870	1413	39	—	—	—	—
1875	786	49	—	—	—	—
1876	—	44	2085	1486	57	27
1885	793	31	2358	1424	52	30
1890	757	26	2383	1512	50	27
1895	644	25	2391	1335	55	30
1900	729	26	2500	1704	49	23
1901	588	21	2481	1659	52	23
1902	547	21	2361	1426	55	23
1903	633	21	2481	1574	52	23
1904	566	23	2405	1527	52	22
1905	573	20	2568	1568	53	22
1906	683	24	2755	1689	51	20
1907	732	26	3009	1845	49	20
1908	586	25	2681	1533	50	21

Die bei der Banque de France bemerkbare, sprunghafte Herabminderung der durchschnittlichen Laufzeit muß als Folgeerscheinung der überhandnehmenden Rückdiskontierung bezeichnet werden.

Zu beachten ist, daß der Durchschnittsbetrag bei der Reichsbank durchweg viel höher ist als bei der Banque de France; es entspricht dies der Tatsache, daß der Reichsbank keine so scharfe Konkurrenz von Kreditbanken gemacht wird wie der Banque de France.

Der Umstand, daß in den Jahren 1906 und 1907 die durchschnittliche Höhe der Beträge und noch mehr der Laufzeit zugenommen hat, soll später noch erörtert werden[1]).

III.

Aus der Tabelle S. 57 ist zu ersehen, wieviel Wechsel von höchstens 100 Franken bzw. Mark die Banque de France in Paris und die Reichsbank im ganzen Reiche diskontiert haben.

In den Jahren 1907 und 1908 machten also die von der Banque de France in Paris angekauften Wechsel im Höchstbetrage von 100 Franken rund 49 % der Gesamtzahl der in ihr Pariser Portefeuille aufgenommenen Wechsel aus. Bei der Reichsbank sind es nur 12 %.

---

[1]) Siehe: Mehrfache Deckung in langsichtigem Papiere, S. 69.

Jahr	Anzahl der in Paris von der Banque de France angekauften Wechsel (in Tausenden)		Anzahl der von der Reichsbank angekauften Wechsel (in Tausenden)	
	bis höchstens 100 Fr.	überhaupt	bis höchstens 100 M.	überhaupt
1880	1023	4436	—[1]	2319
1885	1590	5018	—	2190
1890	1943	5673	273	3152
1895	1866	5593	358	3215
1900	2328	6029	452	4437
1901	2679	6128	486	4538
1902	2694	6263	550	4388
1903	2901	6548	590	4653
1904	3175	6883	609	4690
1905	3280	7018	612	4782
1906	3514	7348	637	5085
1907	3646	7503	663	5432
1908	3707	7672	691	5175

Außerdem ist der Prozentsatz der kleinen Wechsel von der Gesamtzahl seit dem Jahre 1890 in Paris von 34 auf 48, also um 14, bei der Reichsbank dagegen von 8 auf 13, mithin nur um 5 gestiegen.

Wenn man erwägt, daß die kleinen Wechsel bei der Banque de France sich auf höchstens 80 Mark gegen 100 Mark bei der Reichsbank belaufen, so ist dieses Ergebnis noch auffälliger[2]).

Die anhaltende Zunahme der Wechsel von höchstens 100 Franken in Paris läßt vermuten, daß die Banque de France je länger desto mehr mit dem Kleinhandel zu tun hat, der ja von den Privatdiskontbanken nicht sehr gepflegt wird.

* * *

Das Ergebnis kann für die Banque de France dahin zusammengefaßt werden:

1. daß die Rückdiskontierung einen bedeutenden Prozentsatz ihrer gesamten Wechselankäufe ausmacht;

2. daß die Bank mit einer scharfen Konkurrenz seitens der großen Kreditbanken zu rechnen hat;

3. daß ihr Wechselbestand keineswegs nur aus erstklassigen Papieren besteht;

4. daß die Zahl der ihr zufließenden kleinen Wechsel stetig zunimmt und bereits einen sehr bedeutenden Prozentsatz ihres Diskontverkehrs bildet.

---

1) 1880 und 1885 war die Anzahl dieser Noten in den Berichten der Reichsbank noch nicht angegeben.

2) Im Jahre 1908 hat die Pariser Zentrale der Banque de France 7 672 605 Wechsel angekauft und zwar:

243 675	Stück	von	5—10 Fr.
2 044 598	„	„	11—50 „
1 419 717	„	„	51—100 „
3 707 990			

und 3 964 615 Stück von mehr als 100 Fr.

Einfluß auf den Diskontsatz.

Infolge des Wettbewerbs der Privatbanken ist das Diskontgeschäft der Banque de France unbedeutend, verglichen mit ihrer Notenausgabe. Der Metallbestand der Bank wird deshalb auch durch den Ankauf von Wechseln nur wenig berührt.

Bei den übrigen Notenbanken machen sich Erhöhungen des Diskontsatzes zum Schutze der Barbestände erforderlich, sobald das Diskontgeschäft einen beunruhigenden Umfang annimmt.

Daraus ergibt sich, daß die im Verhältnis zum Metallbestand geringen Wechselbestände der Banque de France dazu beitragen, den Diskontfuß gleichmäßig niedrig zu halten. Da, wie wir gesehen haben, die geringe Höhe des Wechselbestandes mit in der Forderung dreier Unterschriften und im einheitlichen Diskontsatz ihre Ursache hat, sind die Beständigkeit und die Billigkeit des französischen Bankdiskonts teilweise als Folgen dieser beiden Vorschriften anzusehen.

Die Forderung einer dritten Unterschrift ist lebhaft bekämpft worden. So macht z. B. A. Delettre gegen sie geltend, daß „dieses Erfordernis die sonderbarste und dazu schlaueste Erfindung sei, die man sich denken könnte, eine wahrhaft wunderbare Entdeckung, um die Aktionäre der Banque de France vor jedem Risiko zu schütze nund gleichzeitig einer Menge von Bankiers ein gutes Einkommen zu sichern“[1]).

Ist diese Auffassung berechtigt?

Was den ersten Vorwurf anlangt, so sei zunächst festgestellt, daß die dritte Unterschrift oder richtiger die dritte Garantie durchaus nicht genügt, um die Banque de France — also ihre Aktionäre — vor Verlusten zu schützen; im Durchschnitt hat sie mit annährend derselben Zahl notleidender Wechsel zu rechnen wie die Reichsbank, die sich sehr oft mit zwei Unterschriften begnügt[2]). Außerdem bewirkt die dritte Garantie, anstatt die Aktionäre der Bank vor jedem Risiko sicherzustellen, eine empfindliche Einschränkung des Gewinnes, also auch der Dividenden: würde die Bank sich mit zwei Garantien zufrieden geben, so würden ihre Diskontgeschäfte eine weit größere Ausdehnung haben und demgemäß einen höheren Gewinn einbringen.

Der zweite Vorwurf ist vielleicht berechtigter; aber wenn man gegen die dritte Garantie einwendet, daß sie einer Menge von Bankiers das Leben fristet, die sonst überflüssig sein würden, so ist dabei doch zweierlei zu bedenken:

a) daß die Wechselinhaber sich nicht immer bloß an die Privatbanken wenden, weil diese nur zwei Unterschriften fordern, sondern

---

1) Albert Delettre: La Banque de France. Paris 1897, S. 15.

2) Die Summe der ins Stocken geratenen Wechsel hat betragen

	bei der Banque de France:		bei der Reichsbank:	
für das Jahr 1905:	704 717 Fr.	0,006 %	432 923 M.	0,004 %
„ „ „ 1906:	3 377 738 „	0,024 %	282 150 „	0,002 %
„ „ „ 1907:	2 583 849 „	0,016 %	4 650 471 „	0,030 %
„ „ „ 1908:	588 628 „	0,004 %	3 621 625 „	0,035 %

Die Prozente drücken das Verhältnis der ins Stocken geratenen Wechsel zum gesamten Wechselverkehr aus.

mitunter auch, weil sie billigere Bedingungen stellen als die Notenbank, also für „negociable" Wechsel höhere Preise zahlen als diese;

b) daß die Banque de France, wenn sie unter allgemeiner Abschaffung der Forderung einer dritten Garantie alle Wechsel mit zwei Garantien diskontieren wollte, ihre Barvorräte erheblich schwächen und gegen einen riesigen Wechselbestand vertauschen müßte. Damit würde sie aber des großen Vorteils verlustig gehen, den der bedeutende Metallvorrat für sie hat: einen beständigen und niedrigen Diskontsatz bieten zu können.

Was nun das von der Reichsbank und auch von der Bank of England angewendete Verfahren anlangt, wonach nur die besten Diskonten mit zwei Unterschriften angenommen werden, so würden gerade diejenigen französischen Politiker, die für Beseitigung der dritten Garantie eintreten, an einem ähnlichen Vorgehen der Banque de France Anstoß nehmen und die Bank der Ungerechtigkeit zeihen. Aber abgesehen von der Frage, ob dieses Verfahren der Reichsbank für die Banque de France angebracht wäre, würde die Ungerechtigkeit, wenn von einer solchen die Rede sein kann, jedenfalls mehr scheinbar als tatsächlich vorhanden sein. Denn die Kunden, deren Wechsel für die zwei Garantien in Betracht kämen, haben sich derselben Vergünstigung bei den Privatbankiers von jeher erfreut und werden sich ihrer weiterhin erfreuen.

b) Lombardbestand.

Über die Entwicklung des Darlehnsgeschäfts gibt folgende Aufstellung Auskunft:

Jahr	Banque de France: Gesamtbetrag der Darlehen (Million. Fr.)	Banque de France: Durchschnittlicher Lombardzinsfuß (%)	Banque de France: Durchschnitt des Lombardbestandes (Million. Fr.)	Reichsbank: Gesamtbetrag der Darlehen (Million. M.)	Reichsbank: Durchschnittlicher Lombardzinsfuß (%)	Reichsbank: Durchschnitt des Lombardbestandes (Million. M.)
1881	1222	4,45	248	1046	5,42	57
1885	636	4,00	285	739	4,61 und 5,11	52
1890	849	3,62	249	1315	5,01 „ 5,51	89
1893	825	3,50	303	1054	4,56 „ 5,06	93
1897	1251	3,00	358	1552	4,55 „ 4,80	108
1900	1707	3,74	492	1594	6,33	80
1905	2284	3,50	484	2093	4,81	72
1906	2687	3,50	519	2773	6,14	83
1907	2926	4,16	578	3293	7,03	98
1908	2693	3,73	527	2812	5,76	91

Die Darlehen der Banque de France umfaßten:

	1907	1908
	Millionen	Franken
1. Darlehen auf Effekten, Wertpapiere und zwar:		
a) Darlehen in laufender Rechnung	2854,9	2622
b) gewöhnliche Darlehen[1])	42	29
2. Darlehen auf Gold und Silber	29	41,8
	2926	2693

[1]) Avances en compte courant und Avances ordinaires; die letzten dürfen nicht weniger als 250 Franken betragen.

Wie man aus der vergleichenden Tabelle sieht, ist der Lombardverkehr der Reichsbank trotz härterer Bedingungen viel bedeutender als der der Banque de France. Das hat zum Teil seinen Grund darin, daß letztere ein kleineres Arbeitsfeld hat als die Reichsbank, die berechtigt ist, auch Waren zu beleihen. Freilich ist die Beleihung von Waren bei der Reichsbank belanglos gegenüber der Beleihung von Effekten. Am meisten fällt der große Unterschied im Durchschnittsbetrage der beiderseitigen Lombardbestände auf. Er läßt sich nur dadurch erklären, daß die Beleihungen in Deutschland für kürzere Fristen als in Frankreich stattfinden. Da die Berichte der Banque de France über die Dauer der Lombarddarlehen keine Auskunft geben, so läßt sich ein Beleg für die eben gegebene Erklärung nicht ziffermäßig nachweisen. Die Reichsbank gibt die mittlere Dauer der Beleihung erst seit dem Jahre 1895 an und zwar wie folgt:

1895, 1896	....	27 Tage
1897	....	25 „
1898	....	23 „
1899	....	18 „
1900	....	17 „
1905	....	11 „
1906, 1907, 1908	....	10 „

Die Durchschnittsdauer ist also ständig gesunken. Daraus erklärt sich, daß der mittlere Darlehenbestand nicht zugenommen hat, sondern in den Jahren 1897—1908 von 108 bis 91 Millionen gesunken ist, während doch die Gesamtsumme der einzelnen Darlehen sich im gleichen Zeitraume von 1552 auf 2812 Millionen erhöht hat.

IX. Giroverkehr und täglich fällige Verbindlichkeiten.

Die Zahl der Girokonten ein Maßstab für das der Bank entgegengebrachte Vertrauen. — Zahl und durchschnittliche Höhe der Girokonten der Banque de France und der Reichsbank. — Gesamtumsatz im Giroverkehr bei beiden Banken. — Gründe für die festgestellten Unterschiede. — Täglich fällige Verbindlichkeiten der Reichsbank und der Banque de France.

Da die Überweisung auf Girokonto nur möglich ist, wenn Schuldner und Gläubiger mit demselben Bankhause in Verbindung stehen, so ist dasjenige Bankhaus für den Überweisungsverkehr am geeignetsten, das die größte Anzahl von Kunden hat. Je zahlreicher die Girokonten einer Bank sind, umso weniger werden die von ihnen hinterlegten baren Gelder zur Ausgleichung ihrer gegenseitigen Verbindlichkeiten verwendet werden und umso häufiger wird die Bank in der Lage sein, den Ausgleich durch Verrechnung zu bewirken. Da die privaten Girokontoinhaber bei beiden Notenbanken stets zugleich Gläubiger des Bankhauses sind, so ist die Anzahl der Konten zugleich ein Maßstab für das Vertrauen, dessen sich die Bank erfreut.

Man kann das der Bank entgegengebrachte Vertrauen zwar auch nach dem Notenumlauf schätzen[1]), aber nicht in demselben Maße wie nach der Zahl und der Höhe der Girokonten. Denn es setzt ein ungleich höheres Vertrauen voraus, wenn jemand bei einer Bank Geldeinlagen macht, als wenn er zu flüchtigem Gebrauch ihre Noten in Zahlung nimmt. Letzterer Vorgang bedarf weder der reifen Überlegung noch der Vorsicht, die bei der Wahl eines Bankhauses zur Eingehung einer dauernden Geschäftsverbindung geboten ist.

Ein Urteil darüber, in welchem Grade die Banque de France und die Reichsbank das Vertrauen des Publikums besitzen, gewinnt man durch einen Vergleich der Anzahl und der Durchschnittshöhe ihrer Girokonten.

Jahr	Banque de France			Reichsbank				
	Zahl der Girokonten	Durchschnittlicher Bestand der Guthaben	Durchschnittliches Guthaben eines Kontos	Zahl der Girokonten[3])	Durchschnittlicher Bestand der Guthaben ohne Guthaben der Reichs- und Staatskassen	Durchschnittlicher Bestand der Guthaben mit Guthaben der Reichs- und Staatskassen	Durchschnittliches Guthaben eines Kontos ohne Guthaben der Reichs- und Staatskassen	Durchschnittliches Guthaben eines Kontos mit Guthaben der Reichs- und Staatskassen
		Million. Fr.[2])	Fr.		Million. M.	Million. M.[3])	M.[4])	M.
1881	7 254	468,0	64 516	—	126,9	—	—	—
1885	8 592	378,0	43 994	—	162,4	—	—	—
1890	12 943	402,0	31 059	—	208,7	—	—	—
1893	15 514	405,0	26 105	10 441	248,9	—	23 752	—
1897	27 304	492,4	18 033	13 205	235,4	—	17 826	—
1900	41 928	482,5	11 507	15 847	250,0	428,5	16 289	27 039
1905	71 179	573,1	8 051	22 425	295,8	477,3	11 667	21 284
1906	77 159	581,3	7 533	23 387	276,9	457,1	12 098	19 545
1907	86 233	522,0	6 053	23 965	284,4	461,1	12 120	19 240
1908	91 458	526,7	5 758	24 821	285,3	531,8	11 730	21 427

Diese Tabelle ergibt, daß von den beiden Notenbanken die Banque de France in ungleich nähere Beziehungen zu dem Mittel- und Kleinhandel getreten ist, als die Reichsbank. Von 1881 bis 1908 hat sich die Zahl der Girokonten bei der Banque de France um mehr als das Zwölffache vergrößert, und zugleich hat die Bank an Volkstümlichkeit zugenommen: das Durchschnittsguthaben ist von 64 516

[1]) Sind die Banknoten gesetzliches Zahlungsmittel, so dürfen sie nicht zurückgewiesen werden; dies gilt jedoch nur Privaten und Behörden, niemals aber der Bank gegenüber, solange den Noten nicht Zwangskurs beigelegt ist. Die Noten können also jederzeit bei den Kassen der Bank gegen Metall umgetauscht werden. Dadurch, daß man die Noten behält und nicht zur Einlösung vorlegt, beweist man, daß man der Bank Vertrauen entgegenbringt.

[2]) Die Verwaltungsberichte der Banque de France geben nur den Durchschnitt der Privatguthaben an.

[3]) Die Anzahl der Girokonten wird in den Verwaltungsberichten der Reichsbank erst seit dem Jahre 1894 (für 1893) angegeben, der Durchschnitt der Reichs- und Bundesstaatenguthaben erst seit 1899.

[4]) Die Zahl der dem deutschen Reiche sowie den Bundesstaaten eröffneten Konten ist in den Berichten der Reichsbank nicht angeführt. Nach der Statistik der Reichs-Post- und Telegraphenverwaltung für 1907 waren allein der Postverwaltung Ende 1906: 413, Ende 1907: 421 Konten eröffnet. Bei Berechnung des durchschnittlichen Guthabens der Privatkonten ist angenommen worden, daß Reich und Bundesstaaten in den Jahren 1900—1908 insgesamt 500 Konten hatten.

Franken im Jahre 1881 auf 5758 Franken im Jahre 1908, also in 38 Jahren auf weniger als ein Elftel zurückgegangen.

In den Jahren 1893—1908 hat sich die Zahl der Girokonten bei der Banque de France versechsfacht, bei der Reichsbank noch nicht einmal verdreifacht.

Es ist ferner wichtig, zu untersuchen, wie sich der Jahresumsatz der Girokonten im allgemeinen und durchschnittlich gestaltet hat. Um den Gesamtumsatz festzustellen, sind alle Zu- und Abschreibungen, gleichviel ob sie auf Grund von Überweisungen oder von Barzahlungen vorgenommen worden sind, zu addieren.

Jahr	Banque de France Gesamtumsatz im Giroverkehr			Reichsbank Gesamtumsatz im Giroverkehr		
	Staatskonto Million. Fr.	Privatkonten Million. Fr.	Insgesamt Million. Fr.	Konten des Reiches und der Bundesstaaten Million. M.	Privatkonten Million. M.	Insgesamt Million. M.
1881	6 969	119 663	126 632	1 824	37 459	39 283
1885	5 710	81 636	87 346	2 806	53 848	56 654
1890	5 783	108 636	114 419	4 054	79 750	83 804
1893	7 394	97 617	105 011	4 420	82 364	86 784
1897	6 491	109 740	116 231	15 154	103 903	119 057
1900	6 690	130 648	137 338	28 479	135 160	163 639
1905	9 155	197 219	206 374	43 578	178 572	222 150
1906	8 851	216 041	224 892	51 205	194 432	245 637
1907	9 094	208 614	217 708	53 489	207 179	260 668
1908	10 127	197 624	207 751	59 778	210 182	269 960

Auffällig ist das schnelle Anwachsen des Umsatzes der Reichs- und Staatskonten im Deutschen Reiche, besonders im Vergleich mit dem Umsatze des französischen Staatskontos (Compte du Trésor).

Wenn man von diesen Konten absieht, so folgt aus der Tabelle, daß der Umsatz der Banque de France mit ihren Kontoinhabern unregelmäßig und nur langsam zunimmt im Vergleich mit den privaten Girokonten der Reichsbank, deren Verkehr sich geradezu überraschend schnell erweitert. Da nun die Zahl der Girokonten bei der Banque de France stetig in starkem Wachstum begriffen ist, so läßt sich daraus schließen, daß der durchschnittliche Jahresumsatz eines Kontos bei der französischen Bank abnimmt, was auch folgende Zahlen bestätigen:

Im Jahre 1881 kam auf jedes Girokonto der Banque de France ein Jahresumsatz von:

$$\frac{119\,663}{7254} \text{ Millionen} = \text{rund } 16 \text{ Millionen;}$$

im Jahre 1897: $$\frac{109\,740}{27\,304} \text{ Millionen} = \text{rund } 4 \text{ Millionen;}$$

im Jahre 1908: $$\frac{197\,624}{91\,458} \text{ Millionen} = 2{,}1 \text{ Millionen}$$

und einschließlich des „Compte du Trésor“

$$\frac{207\,751}{91\,459} \text{ Millionen} = 2{,}2 \text{ Millionen.}$$

Bei der Reichsbank ist die Zahl der Girokonten, die 1893 zum ersten Male in dem Verwaltungsbericht angegeben wurde, seit diesem Jahre fast in gleichem Verhältnis wie der Giroverkehr gewachsen; beide sind ungefähr $2^1/_2$ mal stärker geworden. Der Jahresumsatz eines Kontos hat im Jahre 1908 einschließlich der Reichs- und Bundesstaatenkonten ungefähr 10,8 Millionen Mark, ohne diese 8,4 Millionen betragen.

Die Berichte der Reichsbank geben keine Auskunft über die Anzahl der dem Reich und den Bundesstaaten eröffneten Konten[1]); in den „Comptes-rendus" der Banque de France ist immer nur von einem „Compte du Trésor" die Rede; jedenfalls berechtigen die statistischen Feststellungen wohl zu der Schlußfolgerung, daß ein Girokonto der Reichsbank durchschnittlich einen bei weitem höheren Umsatz erzielt als ein Konto der Banque de France.

Wie ist dies zu erklären?

Die Anzahl der kleinen Kunden, die bei der Banque de France sehr zahlreich sind, ist bei der Reichsbank verhältnismäßig gering, weil es Vorbedingung für die Zulassung zum Giroverkehr der Reichsbank ist, daß der Kontoinhaber sich verpflichtet, ein seinem Geschäftsumfang und seinen Anforderungen entsprechendes Guthaben auf seinem Konto stehen zu lassen. Da dieses Guthaben unverzinslich ist, so werden viele kleine Kaufleute vom Verkehr mit der Reichsbank abgehalten. Sie zögern, der Bank von ihren flüssigen Kapitalien 1000 Mark und manchmal mehr in der Weise zu überlassen, daß ihnen die freie Verfügung darüber genommen und ein Zinsgenuß unmöglich gemacht wird.

Die Privatbanken gewähren eine Verzinsung der Guthaben, die meist 1% niedriger als der offizielle Diskontsatz ist. Da in Deutschland der Bankdiskont in der Regel ziemlich hoch ist, so fällt die von deutschen Privatbanken gewährte Guthabenverzinsung oft sehr ins Gewicht, und der Girokunde der Reichsbank verzichtet somit auf einen nicht unbedeutenden Zinsertrag. Infolgedessen unterwerfen sich in der Regel besonders Großkaufleute den Bestimmungen der Reichsbank.

Die Banque de France, die ihren Kunden kein Mindestguthaben vorschreibt, fördert die Zunahme der Zahl ihrer Girokonten auch noch durch die Bedingung, daß ihr nur Kontoinhaber Wechsel zur Diskontierung vorlegen dürfen.

* * *

Es erübrigt zu prüfen, in welchem Verhältnis der Metallbestand der beiden Banken zu den täglich fälligen Verbindlichkeiten steht.

Diese Verpflichtungen sind doppelter Art, sie bestehen aus:

1. den Guthaben der Girokontoinhaber und des Staates;
2. den in Umlauf befindlichen Banknoten.

Folgende für die Jahre 1897—1908 aufgestellte Tabelle gibt die Höhe der hier in Frage kommenden Summen nach den dem jedesmaligen Jahresschlusse nächstliegenden Ausweisen an:

[1]) Vgl. Anmerkung 4, S. 61.

Banque de France[1] Millionen Franken						Reichsbank Millionen Mark				
Datum[2])	Metallbestand	Umlaufende Noten	Staatskonto	Private Guthaben	Metalldeckung	Datum 31. XII.	Metallbestand	Umlaufende Noten	Sonstige täglich fällige Verbindlichkeiten	Metalldeckung
30. XII. 1897	3158	3809	316	517	68	1897	826	1319	426	47
29. XII. 1898	3030	3810	324	473	65	1898	752	1357	430	42
28. XII. 1899	3030	3983	337	539	62	1899	700	1358	475	38
27. XII. 1900	3416	4187	269	506	68	1900	729	1409	496	38
26. XII. 1901	3565	4072	202	786	70	1901	868	1465	563	42
26. XII. 1902	3650	4304	139	426	74	1902	786	1516	543	38
31. XII. 1903	3462	4490	235	447	66	1903	793	1565	574	37
29. XII. 1904	3760	4324	237	604	72	1904	927	1599	580	42
28. XII. 1905	3953	4565	390	715	69	1905	803	1656	630	35
27. XII. 1906	3704	4714	336	608	65	1906	665	1775	652	27
26. XII. 1907	3615	4800	258	489	65	1907	704	1885	658	27
24. XII. 1908	4378	4934	180	575	78	1908	980	1975	656	37

Aus vorstehendem Verzeichnis ist zu ersehen:

1. daß die Metalldeckung der täglich fälligen Verbindlichkeiten bei der Banque de France in der Regel höher ist als bei der Reichsbank;
2. daß die Schwankungen dieser Deckung bei der Banque de France weniger groß sind als bei der Reichsbank.

X. Goldpolitik.

a) Goldprämie: Münzsysteme Deutschlands und Frankreichs. — Kochs Auffassung der französischen Goldprämienpolitik. — Prüfung dieser Ansicht. — Dreifaches Verfahren der Banque de France. — Unmöglichkeit der Anwendung dieser Verfahren durch die Reichsbank. — Wirkungen der französischen Goldprämie. — Schlußfolgerung.
b) Mehrfache Deckung in langsichtigem Papiere: Verfahren der Banque de France. — Wirkungen. — Unrichtige Auffassung.
c) Goldimportprämie: Unterschied zwischen der amerikanischen und der französischen Goldimportprämie. — Wann gewährt die Banque de France diese Prämie?

a) Goldprämie.

Frankreich hat Doppelwährung. Gold und Silber sind gesetzliches Zahlungsmittel, wobei das Wertverhältnis zwischen beiden Metallen gesetzlich nach dem Verhältnis von 1:15,6 fixiert ist[3]), das Silber mit der Einschränkung, daß nur die Fünffrankenstücke Kurantmünzen, alle anderen Stücke dagegen Scheidemünzen sind.

---

[1]) Vorzuziehen wäre, wenn statt der Höhe an einem bestimmten Tage der Durchschnitt der betreffenden Konten berücksichtigt würde; leider gibt aber die Banque de France den Durchschnitt des Staatskontos nicht an.

[2]) Die Banque de France ist gesetzlich nur zur Veröffentlichung von Vierteljahrsübersichten verpflichtet, gibt aber schon seit langer Zeit regelmäßig Wochenausweise heraus.

[3]) J. Conrad: Nationalökonomie. 1907, S. 102.

Laut Nachtrag zur lateinischen Münzkonvention vom 5. November 1878 wurde die freie Silberprägung aufgehoben, so daß Frankreich jetzt hinkende Doppelwährung hat.

Ein ähnliches Verhältnis bestand bekanntlich auch in Deutschland bis zur Einziehung der Talerstücke, also bis zum 1. Oktober 1907. Seit diesem Tage hat Deutschland reine Goldwährung.

* * *

Zur Frage des Einflusses, den die hinkende Doppelwährung auf die Politik der Banque de France ausübt, äußert sich der ehemalige Reichsbankpräsident wie folgt:

„Die Banque de France löst ihre Noten, sofern es sich nicht um kleine Beträge handelt, überhaupt nur in Silber ein; sie zahlt auch bei Kreditentnahmen grundsätzlich in ihren Noten oder in Silber. Dagegen gibt sie Gold in Form von Barren oder fremden Münzen unter Berechnung eines den Goldausmünzungswert übersteigenden Preisaufschlags ab, der nach französischem Sprachgebrauch als Prämie bezeichnet wird. Eine eigentliche Prämie, d. h. ein für die Landesgoldmünzen berechnetes Aufgeld, ist das nicht; denn weder die Goldbarren noch die fremden Goldmünzen haben einen landesgesetzlich festgestellten Zahlungswert. Indessen wirkt das Verfahren der Banque de France tatsächlich wie eine „Goldprämie", weil die Bank — anders als die Reichsbank — bei der Noteneinlösung und im Kreditgeschäft die Verabfolgung von Landesgoldmünzen eben regelmäßig überhaupt ablehnt[1])."

Aus dem Vorstehenden würde sich also ergeben, daß die Banque de France sich an das ihr gesetzlich verliehene Recht hält, nur in Fünffrankenstücken zu zahlen.

* * *

Ist es aber nicht übertrieben, zu behaupten, daß die Banque de France ausschließlich in Silber oder in ihren Noten zahle?

Zuzugeben ist nur, daß die Verwendung von Silbergeld und Banknoten dem Franzosen geläufiger ist als dem Deutschen. Dagegen muß bestritten werden, daß die Banque de France, sobald es sich um größere Beträge handelt, ausschließlich in Silber oder in Banknoten zahle. Zu dieser Frage hat ein hoher Beamter der Banque de France folgendes geschrieben[2]): „Handel und Industrie verlangen tagtäglich Gold, besonders am Schlusse des Monats, und niemals wird es verweigert. Es trifft nicht zu, daß unsre Bevölkerung daran gewöhnt sei, für ihre Banknoten nur Silber einzutauschen. Das Gegenteil ist richtig. In der Mehrzahl der Fälle würde es sogar schwierig sein, das Publikum zu bestimmen, mehr als 3 silberne Fünffrankenstücke anzunehmen." Dieser Auffassung wird sich jeder anschließen, der Gelegenheit hatte, bei der Banque de France Banknoten zur Ein-

---

[1]) Koch: Die Reichsbank und die Geldverteuerung. „Deutsche Revue" 1906, S. 258.

[2]) Der Brief (vom 8. Januar 1907) befindet sich im Besitze des Verfassers.

lösung vorzulegen. Er wird die Erfahrung gemacht haben, daß der Kassenbeamte sich erkundigt, ob er in Gold oder in Silber auszahlen solle.

* * *

Die Behauptung, die Banque de France leiste im inneren Verkehr ihre Zahlungen ausschließlich in Silber oder in Banknoten und übe somit einen Druck auf den nationalen Handelsverkehr aus, ist daher keineswegs stichhaltig. Im Gegenteil: soweit Handel und Industrie Gold brauchen und es sich um Zahlungen im Lande selbst handelt, wird es ihnen von der Banque de France geliefert.

Die sogenannte Goldprämie wird lediglich auf Barrengold und fremde Goldstücke erhoben, nicht auf französische Goldmünzen.

Die Bank beobachtet — besonders in Zeiten der Geldknappheit im Auslande — ein dreifaches Verfahren: 1. Sie belegt Goldbarren und fremde Goldmünzen mit einer Prämie bis zu 10 pro Mille. 2. Sie gewährt Gold französischer Prägung an inländische Kaufleute, soweit sie es für ihr Geschäft innerhalb der Landesgrenzen nötig haben. 3. Sie liefert kein französisches Gold zur Ausfuhr. Dank ihrer Organisation, insbesondere durch ihr „Comité d'escompte", zu dem Großkaufleute gehören, ist sie in der Lage zu beurteilen, ob an sie gestellte größere Goldforderungen für das Ausland bestimmt sind.

Ist das von der Banque de France befolgte Verfahren in Ländern mit reiner Goldwährung möglich?

Nein. Denn eine Goldprämie im Sinne der Banque de France ist nur denkbar, wenn der Bank das Recht zusteht, Silber in unbegrenzter Menge als Zahlungsmaterial zu verwenden.

Wäre vielleicht die Reichsbank, solange die Taler Kurantmünze waren, in der Lage gewesen, in gleicher Weise vorzugehen wie die Banque de France?

Nein. Denn sie würde sehr bald ihren geringen Vorrat an Talern erschöpft haben[1]).

Allerdings erhebt sowohl die Reichsbank als auch die Bank of England eine Prämie auf Barrengold und ausländische Goldmünzen. Aber diese Prämie ist von der französischen völlig verschieden. Zunächst ist sie sehr niedrig. Sie überschreitet nicht die Prägekosten unter Einrechnung der Abnutzung der Goldstücke. Ferner kann seit Einziehung der Taler jeder Einlieferer von Banknoten deren Auszahlung in inländischen Goldmünzen verlangen, ohne daß der dadurch bewirkten Verminderung des Goldbestandes der Bank irgendwelcher Widerstand entgegengestellt werden könnte; dies würde selbst dann gelten, wenn man wüßte, daß die auszuzahlende Summe zur Verwendung nach dem Auslande bestimmt wäre.

* * *

---

[1]) Der Bestand an Talern der Reichsbank, welcher erst seit dem Jahre 1895 in den Verwaltungsberichten angegeben wird, belief sich durchschnittlich:

im	Jahre	1894	auf	214	Millionen	Mark
„	„	1896	„	204	„	„
„	„	1906	„	59	„	„
„	„	1907	„	19	„	„

Wie steht es nun mit den Wirkungen der französischen Goldprämie?

Die Verwaltung der Banque de France erklärt, sich ihrer mit Erfolg bedient zu haben. Das geht aus dem Geschäftsbericht für 1896 hervor, in dem es — Seite 12 — heißt: „Die Bank ist dank unserem Währungssystem, welches gestattet, sowohl in Silber wie in Gold zu zahlen, in der Lage gewesen, die Goldausfuhr zu beschränken. Die Goldprämie hat wieder einmal ihre Wirksamkeit bewiesen und es uns ermöglicht, den Bankdiskont gleichmäßiger und niedriger zu halten, als er in allen anderen Ländern war. Und dabei ist der Geschäftsverkehr in keiner Weise behelligt worden, da der Kurs auf London sich vom Paristand nie weit entfernt hat.“

Tatsache ist, daß der französische Bankdiskont sich im ganzen Jahre 1896 auf 2 % gehalten hat. In England stieg er in der gleichen Zeit von $2^1/_2$ auf 3, dann auf 4 % und in Deutschland von 3 auf 4, von da auf 5 %. Im gleichen Jahre ging der mittlere Goldbestand der Banque de France weniger stark zurück gegen das Vorjahr als die mittlere Reserve der Reichsbank, nämlich nur um 69 Millionen Franken gegenüber 120 Millionen Mark. Aber da man die Zahlungsbilanz des genannten Jahres nicht genau kennt, so läßt sich auch nicht feststellen, inwieweit die günstige Lage der Banque de France der Goldprämie zuzuschreiben oder als eine Folge der französischen Forderungen an das Ausland zu betrachten ist. Die Goldprämie hemmt zwar zunächst die direkte Goldausfuhr, sie verhindert aber nicht, daß Zahlungsverbindlichkeiten in Gold erfüllt werden müssen. Nur wird das zur Zahlung ans Ausland erforderliche Gold dem Goldumlaufe des Landes entnommen. In einem Lande mit günstiger Zahlungsbilanz hebt sich der Abgang des Goldes wieder auf. Da sich Frankreich fast durchweg einer günstigen Zahlungsbilanz erfreut, so verhindert der Überschuß seiner Forderungen an das Ausland, daß die Goldprämie eine Schmälerung des nationalen Goldvorrats hervorrufe. Im entgegengesetzten Falle — also bei ungünstiger Zahlungsbilanz — genügt die Goldprämie nicht, um die Goldvorräte des in der Schuld des Auslandes befindlichen Landes zu schützen.

Daher hat das Prämiensystem niemals vermocht, den Goldabfluß nach dem Auslande aufzuhalten. Die Goldausfuhr ist in letzter Instanz die Folge eines Überwiegens der Schulden über die Forderungen; an dieser Sachlage kann die Goldprämie nichts ändern.

Während es im Jahresbericht 1896 heißt, daß „die Goldprämie es ermöglicht habe, den Bankdiskont gleichmäßiger und niedriger zu halten, als er in den anderen Ländern war“[1]), sagt der Bericht für 1899: „Vom 24. August 1899, an dem der Metallvorrat den Höchststand des Jahres erreicht, bis zum 24. Dezember haben wir 3 % unseres Bestandes verloren. Wir haben für alle Fälle, da der Goldabfluß einen beunruhigenden Umfang hätte annehmen können, den Diskontfuß auf $3^1/_2$, dann auf $4^1/_2$% erhöht, und diese Maß-

[1]) Verwaltungsbericht für das Jahr 1896, S. 12.

regel hat, wie stets im gleichen Falle, durchaus den von ihr erwarteten Erfolg gehabt[1])."

Und im Verwaltungsbericht für das Jahr 1898 wird folgende noch bestimmter lautende Erklärung abgegeben: „Der Diskontfuß ist von 2 auf 3 % erhöht worden. Diese Heraufsetzung wurde uns durch die Marktlage zur Pflicht gemacht; denn sie ist das einzige bekannte Mittel, die Goldreserve wirksam zu verteidigen[2])." Somit erkennt also auch die Banque de France an, daß die Goldprämie kein Ersatz für eine Diskonterhöhung sein kann.

Die Goldprämie vermag wohl — wenn auch nur vorübergehend — den Goldbestand der Bank, aber nicht denjenigen des Landes zu schützen. Eine Begleiterscheinung der Bemühungen der Arbitrageure, sich Gold ohne Aufschlag aus dem Verkehre zu verschaffen, besteht nun darin, daß sie ihr Augenmerk auf vollwichtige Stücke richten. Somit werden dem Geldumlauf die besseren Goldmünzen entzogen. Dieses Treiben schmälert den Goldbestand des Landes, nicht nur quantitativ, sondern auch qualitativ.

Ferner wird fast allgemein heimisches Gold statt Goldmünzen fremden Gepräges exportiert, was den Inländern, die auf diesem Wege ihre Verbindlichkeiten erfüllen, noch größere Spesen verursacht, weil sie für die vorgeblichen Umprägekosten aufzukommen haben.

Insoweit der Goldabgang eines Landes nicht durch Goldeinfuhr aufgewogen wird, muß er schließlich doch den Goldbestand der Bank mindern, da diese die entstehenden Lücken mindestens zum Teil wieder ausfüllen muß.

Der Hauptnachteil der Goldprämie besteht aber in der Verschlechterung der Wechselkurse. Verlangt die Zahlungsbilanz eines Landes unbedingt eine Ausfuhr von Gold und ist die Beschaffung von vollwichtigen Goldmünzen aus dem Verkehr sehr schwierig geworden, so steigen die Wechselkurse so lange, bis die Begleichung der Auslandsschulden ermöglicht wird. Die Goldprämie überträgt sich dann auf die Wechselkurse und trägt somit zur Valutaentwertung bei[3]).

Der Produzent, der nur heimische Rohstoffe verarbeitet, wird von der Goldprämie nicht betroffen, wohl aber der Fabrikant, der eingeführter Rohstoffe bedarf. Dieser muß die höheren Wechselkurse bezahlen, falls er nicht Landesgoldmünzen zur Ausgleichung seiner Auslandsschulden verwendet.

Sollte die Reichsbank, lediglich des Nutzens wegen, den sie — nicht das Land — aus einer höheren Goldprämie etwa ziehen könnte, ihren Einfluß dahin geltend machen, daß Deutschland ein ähnliches Münzsystem einführe, wie es Frankreich hat, so müßte man sich diesem Vorhaben widersetzen. Die reine Goldwährung ist zu wertvoll, als daß sie zugunsten einer Maßregel aufgegeben werden sollte, die dem Lande keine nennenswerten Vorteile bringen kann.

---

[1]) Verwaltungsbericht für das Jahr 1899, S. 8.

[2]) Verwaltungsbericht für das Jahr 1898, S. 14.

[3]) Vergleiche Helfferich: Zur Erneuerung des deutschen Bankgesetzes (Leipzig 1899, S. 127), und R. Rosendorff: Der Goldreichtum Frankreichs (Deutsche Wirtschaftszeitung 1908, S. 98 und folgende).

b) Mehrfache Deckung in langsichtigem Papier.

Die Banque de France verfügt noch über ein weiteres Mittel, den Goldabfluß aus ihren Kassen zu mindern oder doch ihn gewinnbringend zu gestalten.

Wenn die Nachfrage nach Gold zu stark wird und die Banque de France vermutet, das verlangte Gold sei für das Ausland bestimmt, so fordert sie als Deckung langsichtige Wechsel im mehrfachen Betrage.

Zu diesem Mittel hat sie beispielsweise im Jahre 1907 gegriffen; der Diskontfuß betrug damals in Paris 3 %, in London 6 % und in Berlin 7 %. Im Jahre vorher hatte der Metallbestand der Banque de France 192 Millionen Franken Gold verloren[1]). Paris war mit fremden Wechseln überflutet, infolgedessen wurden bedeutende Mengen vollwichtiger Goldmünzen dem Verkehr entzogen. Die Banque de France zwang nun die Bankhäuser, die um jeden Preis Gold verlangten, ihr einen Teil ihrer inländischen Wechsel abzugeben, indem sie Gold nur gegen den zwei-, drei-, ja vierfachen Betrag in französischem Papier mit 45 bis 90 Tage Laufzeit gewährte und den Rest gutschrieb.

Wie bereits ausgeführt worden ist, diskontiert die Banque de France für gewöhnlich kurzfristiges Papier. Dadurch daß sie also für Hergabe von Gold die eben angegebenen Bedingungen stellte, erhöhte sie ihre Wechselbestände durch langsichtige, durchaus sichere Anlagewerte und entschädigte sich für den Goldabfluß durch größeren Gewinn.

Auf die Vorschrift einer mehrfachen Deckung verzichtet die Banque de France, wenn das von ihr gelieferte Gold für Länder bestimmt ist, die in hohem Maße Schuldner Frankreichs sind. In diesem Falle weiß sie, daß das ausgeführte Gold sehr bald den Weg nach Frankreich zurückfindet; z. B. gewährt sie deshalb ohne weiteres Bargold für ägyptische Baumwolle oder für brasilianische Kaffees.

* * *

Welches sind die Wirkungen der Forderung einer mehrfachen langsichtigen Deckung?

Die Durchschnitte der Wechselbeträge und der Laufzeit der von der Banque de France angekauften Wechsel werden dadurch erhöht. Auf diese Tatsache sowie auf gelegentlichen Ankauf von fremden Wechseln[2]) ist es wohl zurückzuführen, daß in den Jahren 1906 und 1907 diese Durchschnitte wesentlich höher waren als in den vorhergegangenen Jahren[3]).

Die Forderung mehrfacher Deckung im Austausch von Gold gegen Wechsel schützt natürlich nur die Goldvorräte der Banque de

---

[1]) Metallbestand am 30. XII. 1905: Gold 2864 Millionen; Silber 1071 Millionen. Metallbestand am 29. XII. 1906: Gold 2672 Millionen; Silber 993 Millionen.

[2]) Dieser Ankauf von fremden Wechseln in den Jahren 1906 und 1907 wird unter „Devisenpolitik“, S. 71 ff näher besprochen.

[3]) Siehe S. 56.

France, aber nicht den Goldumlauf des Landes. Im Gegenteil wird auch hier zunächst der Nachteil eintreten, daß dem Verkehr vorzugsweise vollwichtige Goldstücke entzogen werden. Dank seiner günstigen Zahlungsbilanz fällt aber dieser Übelstand für Frankreich nicht zu sehr ins Gewicht; die entstehenden Lücken werden durch Goldzufuhr aus dem Ausland immer wieder schnell ausgeglichen. Indessen sind und bleiben Goldprämie und mehrfache Deckung in Wechseln auch für die Banque de France immer nur Hilfsmittel. Zu der mehrfachen Deckung kann die Reichsbank ebensowenig greifen, wie zu dem Mittel der Goldprämie. Für beide ist die Doppelwährung Voraussetzung.

* * *

Die vorstehende Erörterung widerspricht der ziemlich weit verbreiteten Auffassung, daß sich die Banque de France, um in kritischen Zeiten ihren Metallbestand nicht durch Wechselankäufe zu schwächen und um den Geldumsatz zu beschleunigen, darauf beschränke, nur kurzsichtiges Papier zu diskontieren. So sagt W. Lotz — allerdings im Jahre 1891 — „Die Kürzung der Ausleihefristen, die Zurückweisung aller Wechsel mit längeren Verfallfristen sind zeitweilig von der Bank von Frankreich in Anwendung gebracht worden[1]).

Heutzutage wird noch mitunter erwähnt, daß ein in Frankreich angewendetes kleines Mittel der Bankpolitik darin besteht, daß die Bank von Frankreich zu gewissen Zeiten die Diskontierung von Wechseln mit längerer Verfallzeit ablehne[2]).

Diese Auffassung war früher richtig. Wie oben ausgeführt worden ist[3]), hat die Banque de France wiederholt, u. a. in den Jahren 1814 und 1818, die Laufzeit der von ihr zu diskontierenden Wechsel auf höchstens 45 Tage festgesetzt. Jetzt hat sie es nicht mehr nötig, eine solche Beschränkung vorzuschreiben, da der Durchschnitt der Verfallzeit aller von ihr diskontierten Wechsel von 57 Tagen im Jahre 1830 auf 44 Tage im Jahre 1876 und auf 20 Tage im Jahre 1905 gesunken ist. Andererseits empfindet sie nicht mehr das Bedürfnis, in normalen Zeiten ihre Diskontierungen einzuschränken, da ja inzwischen der Wettbewerb der großen Kreditanstalten ohnehin ihre Bedeutung als Diskontobank sehr geschmälert hat.

Im Gegenteil benutzt die Banque de France, wenn die rege Nachfrage nach Geld mehr der Lage des Weltmarktes als der des inländischen Marktes zuzuschreiben ist, diesen Umstand zum Ankauf von Wechseln mit möglichst langer Laufzeit; keinesfalls aber lehnt sie Diskontierungen ab, weil die Verfallzeit zu lang sei.

c) Goldimportprämie.

Im allgemeinen braucht Frankreich die Goldeinfuhr nicht künstlich anzuregen, da dem Lande dank seiner günstigen Zahlungsbilanz

---

1) Artikel über Diskonto und Diskontopolitik im Handwörterbuch der Staatswissenschaften 1891. Bd. 2, S. 938.

2) Siehe G. Obst: Banken und Bankpolitik. 1909, S. 262.

3) Siehe S. 6.

Gold in genügender Menge zufließt. Auf Wunsch hat sich die Banque de France trotzdem in einzelnen Fällen bereit erklärt, den Goldimport dadurch zu erleichtern, daß sie vom Ausland eingeführte Goldbeträge vom Tage des Versandes, und nicht erst vom Ablieferungstage ab, gutschreibt, wodurch ein Zinsverlust für die Dauer der Zusendung verhütet wird.

Ein ähnliches Verfahren wird in Amerika geübt[1]). Für nach den Vereinigten Staaten eingeführtes Gold kann sich eine solche Zinsvergütung bis auf 58 Tage belaufen; das bedeutet eine ganz annehmbare Goldeinfuhrprämie.

Die Banque de France befolgt den Grundsatz, eine derartige Verzinsung, die sie nicht als Prämie betrachtet, nur für ganz kurze Fristen eintreten zu lassen; da ihr Goldsendungen aus größeren Entfernungen als New-York nicht zugehen, so ist die Zinsvergütung gering; sie erstreckt sich wohl im Höchstfalle auf 6 Tage. Aber auch diese geringfügige Verzinsung gewährt die Banque de France nicht regelmäßig, sondern nur auf besonderen Antrag und nie in Fällen der Goldknappheit, sondern nur in stillen Zeiten. So hat sie während der Krisis von 1907 es sorfältig vermieden, die Spannung des amerikanischen Geldmarktes noch dadurch zu erhöhen, daß sie die unterwegs befindlichen Goldsendungen verzinste. „Sie hätte es — meint der jetzige Gouverneur — für ein wenig ritterliches (courtois) Vorgehen erachtet, wenn sie in einer schwierigen Zeit einem Geschäftsverfahren Vorschub geleistet hätte, das zu einer weiteren Spannung des amerikanischen Marktes hätte führen können[1]).“

XI. Devisenpolitik.

Unterschied zwischen dem Auslandsportefeuille der Reichsbank und dem der Banque de France. — Loubets Auffassung, wonach die Banque de France einen Devisenbestand nicht dauernd halten könne. — Widerlegung. — Unwirksamkeit des Auslandsportefeuilles in bezug auf den Diskont. — Vorteile des Auslandsportefeuilles der Banque de France: Intervention zugunsten der Bank of England 1906 und 1907.

Die Reichsbank kauft und verkauft regelmäßig die in Deutschland umlaufenden fremden Wechsel. Sie besitzt schon seit ihrer Gründung ein Auslandsportefeuille und setzt damit lediglich das ihr von der Preußischen Bank überlieferte Verfahren fort.

Die Banque de France hat nur zweimal seit ihrer Gründung vorübergehend einen Bestand an fremden Wechseln gehabt, obgleich ihr ihre Statuten volle Freiheit in dieser Richtung lassen, da sie weder ein Gebot noch ein Verbot enthalten.

Im Jahre 1892 wollten einige Mitglieder der französischen Deputiertenkammer — in der Meinung, damit dem öffentlichen Interesse zu dienen — die Banque de France verpflichten, regelmäßig aus-

---

1) Entretien de M. Aldrich avec M. G. Pallain. S. 22.

ländische Wechsel anzukaufen. Die Bank sollte ihre Goldreserven schützen, indem sie diese Wechsel an Leute veräußerte, die im Auslande Schulden zu begleichen haben. So legte der Abgeordnete Hubbard der französischen Kammer einen Antrag vor, der dahin ging, daß die Banque de France eine Reserve von Auslandswechseln halten solle. Dieser Antrag wurde nicht einmal diskutiert. Auch im Jahre 1897, als das Privilegium der Banque de France bis 1920 verlängert wurde, regte niemand diese Frage wieder an.

* * *

Paul Loubet meint in seinem Buche „La Banque de France et l'escompte" (Seite 181): „Das Halten eines festen Bestandes von Auslandswechseln hat Nachteile, die eine solche Reform undurchführbar machen. Die praktischen Schwierigkeiten und das Risiko, welches die Bank durch Schwankungen des Diskontsatzes auf den bezogenen Plätzen laufen könnte, würden der ganzen Sache einen so unsicheren Charakter geben, daß schon deshalb die Verwirklichung bedenklich wäre."

Die praktischen Schwierigkeiten dürften wohl kaum unüberwindbar sein. Das Beispiel der Preußischen Bank und der Reichsbank beweist allein schon die Möglichkeit der Durchführung.

Bezüglich der Gefahr, die der Bank durch Diskontschwankungen im Auslande erwachsen könnte, ist zu bemerken:

1. Das Steigen des Diskontes würde allerdings den Gewinn vermindern, aber die Verminderung könnte nur unbedeutend sein und würde dadurch ausgeglichen werden, daß das Sinken des Diskontsatzes wieder die entgegengesetzte Wirkung auf den Gewinn hätte. Würde z. B. die Banque de France ein deutsches Einmonatspapier mit 6 % in Diskont nehmen, so würde sie dem Verkäufer nur 99,5 % des Wechselbetrages zahlen. Wenn nun die Bank den Wechsel an demselben Tage weitergäbe und inzwischen der deutsche Diskontsatz auf 4 % herabgegangen wäre, so würde sie 99,67 % des Nennwertes fordern.

2. Diskontveränderungen kommen selten unvorhergesehen. Die Bank, die doch über ihre Anlagen im Diskontgeschäft völlig unbeschränkt verfügt, könnte, wenn sie eine Veränderung des Diskontsatzes für wahrscheinlich hält, ihre Maßnahmen so treffen, daß sie bei Eintritt der Diskontveränderung keinen Schaden erlitte. Sie könnte entweder die Diskontierung von Wechseln auf das betreffende Land einschränken oder nur unter der Bedingung diskontieren, daß der Verkäufer die Differenz trägt, die sich unter Umständen aus einer Erhöhung des ausländischen Diskontsatzes ergeben würde. Nebenbei sei bemerkt, daß die Reichsbank zu solchen Ausnahmemaßregeln niemals gegriffen hat, ein Beweis, daß sie schwerlich jemals nötig sind.

3. Das Diskontieren von Auslandswechseln ist für Länder, die wie Frankreich fast ständig einen niedrigeren Diskontsatz haben als die fremden Plätze, an und für sich schon gewinnbringend, weil sich das in ausländischen Wechseln angelegte Kapital höher

verzinst als das zur Diskontierung von Inlandswechseln verwendete. Somit könnte eine Diskonterhöhung im Auslande für die französische Bank höchstens eine Verminderung des durch den Ankauf von Devisen anstatt Inlandswechseln veranlaßten Mehrgewinnes zur Folge haben; keinesfalls aber könnte sich ein Verlust ergeben. Außerdem würde eine solche Erhöhung des fremden Diskonts sofort einen größeren Nutzen aus den neu eingehenden Auslandswechseln nach sich ziehen. Die Reichsbank ist in dieser Hinsicht infolge ihres verhältnismäßig hohen Diskontfußes in viel ungünstigerer Lage als die Banque de France, trotzdem läßt sie sich nicht abhalten, ausländische Wechsel in Diskont zu nehmen.

Der Hauptgrund aber, der für eine Devisenpolitik der Banque de France nach dem Beispiele der Reichsbank spricht, ist, daß die fremden Wechsel in Gold, dem Metalle für internationale Zahlungen, beglichen werden.

In Frankreich erhält die Bank bei Fälligkeit der in ihrem Portefeuille vorhandenen Wechsel sehr oft vom Bezogenen das zurück, was sie selbst ausgegeben hat, ihre Noten. In diesem Falle vermindern sich die Passiven der Bank, aber ihre Barmittel werden nicht größer.

Ganz anders liegt die Sache bei den Auslandswechseln. Wenn diese fällig werden, so geht statt der beim Ankauf dafür ausgegebenen Banknoten oder Fünffrankenstücke Gold ein.

Würden die ausländischen Wechsel in Zeiten schwerer Krisis, z. B. bei einem großen Kriege, denselben Wert haben wie bares Geld?

Nun, die belgische „Banque nationale" hat 1870 ihren Devisenbestand in 10 Tagen flüssig machen können[1]) und auch die Preußische Bank hat keine großen Schwierigkeiten damit gehabt. Die Erfahrung scheint also zu beweisen, daß solche Möglichkeiten nichts Bedenkliches haben.

* * *

Anders liegt die Frage, ob große Bestände an fremden Wechseln dazu beitragen, den Diskontfuß auf mäßiger Höhe zu halten. Das war z. B. die Auffassung des Abgeordneten Hubbard, als er im Jahre 1892 seinen schon erwähnten Antrag stellte.

Die Tatsache, daß eine Notenbank eine große Menge Fremdwechsel vorrätig hat, ist mit einer Verbesserung der allgemeinen Marktlage nicht gleichbedeutend. Zunächst liegt lediglich eine Anhäufung fremder Schuldtitel in einer Hand vor. Die Gesamtsumme dieser Auslandsschulden braucht deshalb nicht größer geworden zu sein, das Verhältnis zwischen Angebot und Nachfrage sich nicht geändert zu haben. Wollte man wirklich ein Sinken des Wechselkurses und somit des Diskontsatzes herbeiführen, so müßte man die Ursache des vermehrten Zuströmens von Wechseln beseitigen. Diese Ursache liegt aber in der mehr oder weniger günstigen Zahlungsbilanz, auf die das Auslandsportefeuille der Bank keinen Einfluß hat.

---

[1]) Vgl. E. van der Smissen: Le chèque et la compensation. Brüssel 1902, S. 50.

Ist also der An- und Verkauf von Devisen seitens einer Notenbank zweckmäßig?

Die fremden Wechsel stellen eine vorteilhafte Kapitalanlage für die Bank dar; sie sind ferner eine Verkehrserleichterung für Kaufleute, die mit dem Ausland arbeiten, und begünstigen somit die Handelsbeziehungen der Länder zueinander: Einfuhr wie Ausfuhr haben Nutzen davon. Der Importeur kann bequem seine Einkäufe bezahlen, indem er fremde Tratten kauft, die er dann seinem Gläubiger im Auslande schickt; der Exporteur vermag sich leicht Deckung für seine Forderungen zu verschaffen: er verkauft seine Wechsel auf das Ausland an die Bank seines Heimatlandes.

Endlich trägt das Vorhandensein eines Devisenbestandes dazu bei, die Metallreserven einer Notenbank zu schützen. Einerseits kann, wenn die Bank Tratten aufs Ausland ankauft, der dafür aufgewendete Betrag zur Verrechnung dienen; er kann jedoch auch bar ausgezahlt werden, nicht unbedingt in Gold, sondern zum Teil in Noten oder — in Frankreich — in Silber. Andererseits bewirkt der Verkauf nach dem Auslande bzw. die Einziehung von Fremdwechseln ein Zuströmen von Gold.

P. Loubet spricht in seinem früher erwähnten Werke die Ansicht aus, daß schon die Furcht, die Notenbanken des Auslands könnten das gleiche Verfahren einschlagen, genügen müsse, um vor Ankauf fremder Wechsel zu warnen[1]).

Sollte nicht vielmehr die Tatsache, daß die meisten Notenbanken der Welt ständig Devisen kaufen, die Banque de France dazu veranlassen, mit der gleichen Reform vorzugehen? Dies wäre für die Banque de France ganz besonders wünschenswert, weil ihr Wechselbestand wenig zunimmt, verglichen mit demjenigen der großen Pariser Kreditanstalten.

* * *

Trotz aller Vorteile, welche die Banque de France aus dem regelmäßigen Besitz eines Auslandsportefeuilles ziehen würde, verhält sie sich dieser Reform gegenüber ablehnend. Sie hat zwar wiederholt einen Bestand an fremden Wechseln gehabt, aber nur um zugunsten der Bank of England intervenieren zu können. Es handelt sich also nur um gelegentliche Gefälligkeiten in kritischen Zeiten.

Worin besteht nun die Intervention der Banque de France zugunsten der Bank of England, und welchen Einfluß übt sie auf den Diskontfuß aus?

Es ist bekannt, daß keine Notenbank sich vom Weltmarkt isolieren kann; jede muß vielmehr der Lage des ausländischen Geldmarktes Rechnung tragen. Ganz besonders gilt das dem englischen Geldmarkt gegenüber, da London eine Art Abrechnungsstelle der internationalen Wechselkurse ist. Wenn sich in Paris der Kurs des Londoner Schecks 25,35 Franken nähert, so geht das französische Gold wohl oder übel über den Kanal. Eine höhere Bewertung verfügbarer Kapitalien von seiten des Auslands — durch hohe Diskont-

[1]) P. Loubet: op. cit. S. 132.

sätze im Vergleich zum niedrigen französischen Bankdiskont — zieht eine Spannung des französischen Marktes und somit ein Steigen der Wechselkurse nach sich. Diese Steigerung der Wechselkurse und besonders des Londoner Scheckkurses kann aber die Banque de France zwingen, ihren offiziellen Diskont zu erhöhen, da der Kurs auf London gewissermaßen das Barometer der französischen Geldverhältnisse ist[1]).

Um also eine weitere Steigerung des Londoner Bankdiskonts und dadurch eine Erhöhung des französischen Diskontsatzes zu vermeiden, stellt die Banque de France gegebenenfalls der Bank of England größere Summen Gold zur Verfügung, dadurch daß sie indirekt einen Teil des Wechselbestandes der englischen Bank ankauft. Nur unter diesen Voraussetzungen besitzt also die Banque de France ein Auslandsportefeuille.

Der Fall trat in den Jahren 1906 und 1907 ein.

Allerdings hat die Banque de France schon im Jahre 1903 eine größere Summe (quelques dizaines de millions[2]), die jedoch nur einen sehr kleinen Teil ihres mittleren Goldbestandes ausmachte, nach London abgegeben und damit gleichzeitig ein weiteres schädliches Abströmen der umlaufenden Barmittel und einen allzu großen Druck auf den Londoner Markt verhütet. Dieser Druck, der auf sämtliche Börsenplätze zurückgewirkt hätte, würde schließlich eine Erhöhung des französischen Bankdiskonts notwendig gemacht haben[2]).

Damals handelte es sich aber noch nicht um ein direktes Einschreiten der Banque de France zugunsten der Bank of England durch Bildung eines Auslandsportefeuilles. Letzteres fand erst im Jahre 1906 statt. Während dieses Jahres hatte der englische Geldmarkt den Vereinigten Staaten fast 300 Millionen Gold geliefert. Diese Millionen mußte man natürlich aus den am besten gefüllten Kassen, d. h. aus den Kassen der Banque de France, entnehmen; es lag dies um so näher, als die Amerikaner gerade im Laufe desselben Jahres Frankreich so manchen Dollar zugeführt hatten. Gegen Ende des Jahres forderten Brasilien und Ägypten von England englische Pfund Sterling als Ausgleich für Kaffee und Baumwolle, so daß die Spannung des englischen Marktes bedeutend zunahm. Da sprang die Banque de France der Bank of England bei, um die Parität der Kurse wieder herzustellen. Sie ließ ihr innerhalb eines Monats durch verschiedene Vermittler 60 Millionen Gold zukommen, und zwar gegen englisches Dreimonatspapier zu 4 %, also zu einem Satze, der den damaligen französischen Diskontfuß um 1 % überschritt. Die Banque de France machte mithin ein gutes Geschäft und beseitigte zugleich eine Gefahr für England, von der sie indirekt selbst bedroht war. Denn ohne diese Maßnahme hätte sie zu Verteidigungsmaßregeln, also zu einer Erhöhung des Diskontes als Abwehr, greifen müssen[3]).

Als 1907 die große amerikanische Krisis am stärksten war, erfuhr der Diskont in England und in Deutschland mehrmals nacheinander

---

[1]) Verwaltungsbericht der Banque de France für das Jahr 1896, S. 12.
[2]) Verwaltungsbericht der Banque de France für das Jahr 1903, S. 5.
[3]) Verwaltungsbericht für das Jahr 1906, S. 8.

Erhöhungen, wie sie in der Geschichte der Notenbanken sehr selten dagewesen sind. Der Satz der englischen Bank ging am 1. November von $4^1/_2$ auf $5^1/_2$%, trotzdem wurde nicht verhindert, daß das englische Gold nach den Vereinigten Staaten abströmte. Am 5. November erfolgte eine zweite Erhöhung auf 6 %, und da auch diese noch nicht genügte, setzte die Bank am 7. November die Diskontrate auf 7 % fest. Die Reichsbank mußte diesem Beispiele folgen und ihren Diskontsatz, der ohnehin schon sehr hoch ($6^1/_2$%) war, am 8. November um 1 % hinaufschrauben. Die Banque de France, deren Satz zuerst auf $3^1/_2$% stand, erhöhte ihn am 7. November um $^1/_2$%; aber bereits am 5. November hatte sie der Bank of England mehr als 80 Millionen Franken in amerikanischem Golde zur Verfügung gestellt. Sie erhielt dafür den gleichen Betrag in englischen Dreimonatswechseln, die mit $4^3/_4$% (also $1^1/_4$% über dem französischen Diskontsatz) hereingenommen wurden. Das war die zweite Anwendung desselben gewinnbringenden Prinzips[1]).

In dem Bericht für das Jahr 1907 wird hervorgehoben, wie mäßigend die Intervention der Banque de France gewirkt habe: „Wenn wir dem Geldmarkte des befreundeten Nachbarlandes nicht zu Hilfe gekommen wären, so hätten wir sicherlich im eigenen Lande zu ernsteren, für Handel und Industrie schädlicheren Maßregeln greifen müssen[3]).“

Dank dieser wohl erwogenen Politik ersparte die Banque de France ihrem Lande wahrscheinlich eine weitere Diskonterhöhung.

Anlagen.

I. Gesamtumsätze der Banque de France und der Reichsbank. — II. Einnahmen der Banque de France und der Reichsbank. — III. Reingewinn und Dividenden der Banque de France und der Reichsbank. — IV. Vergleichende Tabellen des Bank- und Privatdiskonts in Paris und in Berlin von 1898—1908. — V. Summen, die den Verkäufern von Wechseln bei der Reichsbank zugute gekommen sein würden, falls der deutsche Diskont ebenso niedrig gewesen wäre wie der französische. — VI. Diagramm: Schwankungen und Jahresdurchschnitte der Diskontsätze der Banque de France und der Reichsbank seit dem Jahre 1876.

I. Gesamtumsätze.

Die Banque de France verzeichnet unter dem Titel „Masse des opérations“ in ihren Berichten nur die Summe der produktiven Geschäfte: Diskontierungen, Lombarddarlehen, Ausgaben von Schecks, eigenen Wechseln usw. Die Reichsbank dagegen gibt unter „Gesamt-

[1]) Im Verwaltungsbericht für das Jahr 1907 heißt es (Seite 8): „Notre bilan se trouve ainsi comporter, pour la seconde fois, et pour un court délai, un portefeuille étranger.“

[2]) Verwaltungsbericht für das Jahr 1907, S. 8.

umsätze" die Bewegung in allen Teilen ihres Geschäftsbetriebes an. Eine einfache Vergleichung der daraus sich ergebenden Zahlen mit der „masse des opérations" der Banque de France würde also eine falsche Vorstellung von dem Geschäftsumfang beider Institute geben und zwar sehr zum Nachteil des französischen. Im Jahre 1908 war z. B. die „masse des opérations" der Banque de France beziffert auf etwa 21 Milliarden Fr., während im gleichen Jahre die „Gesamtumsätze" der Reichsbank sich auf mehr als 305 Milliarden Mark beliefen.

Umsätze der wichtigsten Geschäftszweige.

Banque de France.

Jahr	Diskontierungen Millionen Fr.	Lombarddarlehen Millionen Fr.	Privat-Giroverkehr Millionen Fr.	Staatskonto Millionen Fr.	Insgesamt Millionen Fr.
1881	11 374	1 123	119 663	6 969	139 129
1885	9 250	585	81 008	5 710	96 553
1890	9 610	812	108 636	5 783	124 841
1893	8 831	807	97 617	7 394	114 649
1897	10 364	1 211	109 740	6 491	127 806
1900	12 247	1 657	130 648	6 690	151 242
1905	10 967	2 282	197 219	9 155	219 623
1906	13 980	2 657	216 041	8 851	241 529
1907	15 769	2 897	208 614	9 094	236 374
1908	12 800	2 651	197 624	10 127	223 202

Reichsbank.

Jahr	Diskontierungen Millionen M.	Lombarddarlehen Millionen M.	Privat-Giroverkehr Millionen M.	Konten des Reiches und der Bundesstaaten Millionen M.	Insgesamt Millionen M.
1876	4 140	467	16 711	2 070	23 388
1881	3 718	1 046	37 458	1 824	44 046
1885	3 636	739	53 847	2 806	61 028
1890	5 489	1 315	79 749	4 054	90 607
1893	5 427	1 054	82 363	4 420	93 264
1897	6 661	1 552	103 902	15 154	127 269
1900	8 763	1 594	135 159	28 479	173 995
1905	9 175	2 093	178 572	43 578	233 418
1906	10 505	2 773	194 432	51 204	258 914
1907	12 150	3 293	207 179	53 489	276 111
1908	10 105	2 812	210 181	59 778	282 876

Dabei sind die „effets au comptant" bzw. die „Auftragspapiere zur Einziehung", welche das Resultat nicht wesentlich verändern würden, beiseite gelassen worden, desgleichen die Effektendepositen, die in der Bilanz der Banque de France nicht erwähnt werden.

Diese Tabellen zeigen, daß der Umsatz der Reichsbank dem der Banque de France überlegen ist, was größtenteils auf die geschäftlichen Beziehungen der Reichsbank mit dem Reiche und den Bundesstaaten zurückzuführen ist.

II. Einnahmen.

Jahr	Banque de France: Einnahmen aus dem Diskontgeschäft Million. Fr.	Banque de France: Einnahmen aus dem Lombardgeschäft Million. Fr.	Banque de France: Gesamteinnahmen Million. Fr.	Reichsbank: Einnahmen aus dem Diskontgeschäft Million. M.	Reichsbank: Einnahmen aus dem Lombardgeschäft Million. M.	Reichsbank: Gesamteinnahmen Million. M.
1881	45 356	10 719	70 362	14 583	3 030	19 480
1885	24 646	11 690	51 658	14 092	2 603	19 328
1890	21 612	9 344	46 839	23 352	4 650	30 862
1893	15 571	10 787	40 322	21 254	4 453	28 832
1898	18 290	12 058	44 924	29 215	5 086	38 204
1900	29 318	18 050	63 154	42 597	5 089	51 885
1905	19 957	17 085	52 504	33 093	3 517	45 247
1906	27 998	18 255	62 777	49 110	5 040	64 205
1907	39 522	23 319	80 111	63 966	6 766	82 550
1908	27 935	20 677	67 730	48 459	5 571	65 614

Bei Prüfung dieser Tabelle fällt zunächst zweierlei ins Auge: erstens das überaus rasche und bedeutende Anwachsen der Einnahmen der Reichsbank gegenüber den Schwankungen bei der Banque de France; zweitens — soweit die letzten Jahre in Frage kommen — das Übergewicht, welches die Reichsbank hinsichtlich der Einnahmen über die Banque de France erlangt hat.

Im einzelnen ist folgendes festzustellen:

1. Das Diskontgeschäft ist für die Banque de France eine weniger ergiebige Gewinnquelle als für die Reichsbank, was besonders auf den niedrigen französischen Bankdiskont und auf die Forderung von drei Garantien zurückzuführen ist.

2. Das Lombardgeschäft bringt der Banque de France weit mehr Ertrag als der Reichsbank; dies hat, wie bereits erwähnt, seinen Grund hauptsächlich darin, daß die Beleihung in Frankreich für längere Fristen als in Deutschland stattfindet[1]).

III. Reingewinn und Dividenden.

Reichsbank.

Jahr	Bruttoertrag in Tausenden M.	Betriebsausgaben einschließlich der Notensteuer in Tausenden M.	Reinertrag: Anteil des Reiches in Tausenden M.	Reinertrag: Gewinn der Aktionäre in Tausenden M.	Dividende für jede Aktie zu 1000 M.
1881	19 480	7 584	2 598	9 297	66,6
1885	19 328	8 721	2 082	8 524	62,4
1890	30 862	10 121	7 104	13 636	88,1
1894	22 457	11 052	3 903	7 501	62,6
1898	38 204	15 926	12 058	10 219	85,1
1900	51 885	17 920	20 824	13 141	109,6
1905	45 247	19 840	14 329	11 076	61,5
1906	64 205	23 943	25 472	14 790	82,2
1907	82 550	30 236	34 510	17 803	98,9
1908	65 614	28 578	23 052	13 984	77,7

[1]) Siehe S. 60.

Banque de France.

Jahr	Bruttoertrag in Tausenden Fr.	Betriebsausgaben und Abgaben an den Staat in Tausenden Fr.	Reingewinn in Tausenden Fr.	Dividende für jede Aktie zu 1000 Fr.
1881	70 362	13 272	57 090	250
1885	51 658	15 530	36 128	185
1890	46 839	15 931	30 917	157
1894	38 789	17 293	21 495	113
1898	44 924	20 162	24 761	110
1900	63 154	25 721	37 433	145
1905	52 504	25 056	27 448	130
1906	62 777	27 714	35 063	150
1907	80 111	32 328	47 782	175
1908	67 730	29 820	37 910	160

Die Roheinnahmen der Reichsbank übertreffen die der Banque de France; aber die Anforderungen, die der Staat stellt, beeinträchtigen in hohem Maße die den Anteilseignern der Reichsbank zukommende Dividende. Diese bleibt stets hinter derjenigen zurück, die den Aktionären der Banque de France gewährt wird.

Die Differenz beträgt manchmal die Hälfte mitunter sogar noch mehr, z. B. in den Jahren 1881, 1885, 1905, 1908.

IV. Vergleichende Tabellen des Bank- und Privatdiskonts in Paris und in Berlin von 1898—1908.

Die Tabellen A bis L gründen sich auf die wöchentlichen Feststellungen der englischen Zeitschrift „The Economist“[1]) und zugleich auf die Verwaltungsberichte der Banken.

Wo zwischen den Angaben dieser beiden Quellen ein Widerspruch besteht, sind die dem „Economist“ entnommenen Zahlen in Klammern neben die offiziell veröffentlichten gesetzt; die Spannung ist — was den Bankdiskont anlangt — lediglich nach den Bankberichten berechnet.

[1]) „The Economist“ (Granville House. Arundel-Street). London. Jahrgänge 1898 bis 1908.

Tabelle A (1898).

Datum	Paris Bankdiskont	Paris Privatdiskont	Paris Spannung: mehr als — höchstens 1/2	mehr als 1/2 höchstens 1	mehr als 1 höchstens 1 1/2	mehr als 1 1/2 höchstens 2	mehr als 2 höchstens —	Berlin Bankdiskont	Berlin Privatdiskont	Berlin Spannung: mehr als — höchstens 1/2	mehr als 1/2 höchstens 1	mehr als 1 höchstens 1 1/2	mehr als 1 1/2 höchstens 2	mehr als 2 höchstens —
1. Januar	2	2	0	—	—	—	—	5	3 3/8	—	—	—	1 5/8	—
8. „		2	0	—	—	—	—		3 3/8	—	—	—	1 5/8	—
15. „		2	0	—	—	—	—		3 1/4	—	—	—	1 6/8	—
22. „		2	0	—	—	—	—	4	3 1/8	—	7/8	—	—	—
29. „		2	0	—	—	—	—		2 7/8	—	—	1 1/8	—	—
5. Februar		1 15/16	1/16	—	—	—	—		2 7/8	—	—	1 1/8	—	—
12. „		1 3/4	1/4	—	—	—	—		2 5/8	—	—	1 3/8	—	—
19. „		1 3/4	1/4	—	—	—	—	3	2 1/2	1/2	—	—	—	—
26. „		1 7/8	1/8	—	—	—	—		2 3/8	—	5/8	—	—	—
5. März		1 3/4	1/4	—	—	—	—		2 5/8	3/8	—	—	—	—
12. „		1 3/4	1/4	—	—	—	—		2 3/4	1/4	—	—	—	—
19. „		1 3/4	1/4	—	—	—	—		2 3/4	1/4	—	—	—	—
26. „		1 7/8	1/8	—	—	—	—		2 3/4	1/4	—	—	—	—
2. April		1 7/8	1/8	—	—	—	—		2 3/4	1/4	—	—	—	—
9. „		1 7/8	1/8	—	—	—	—	4 (3)	2 3/4	—	—	1 1/4	—	—
16. „		1 7/8	1/8	—	—	—	—		3 1/8	—	7/8	—	—	—
23. „		2	0	—	—	—	—		3 3/4	1/4	—	—	—	—
30. „		2	0	—	—	—	—		3 3/4	1/4	—	—	—	—
7. Mai		1 7/8	1/8	—	—	—	—		3 1/4	—	3/4	—	—	—
14. „		1 3/4	1/4	—	—	—	—		3 3/8	—	5/8	—	—	—
21. „		1 3/4	1/4	—	—	—	—		3 1/4	—	3/4	—	—	—
28. „		1 3/4	1/4	—	—	—	—		3 1/4	—	3/4	—	—	—
4. Juni		1 3/4	1/4	—	—	—	—		3 3/8	—	5/8	—	—	—
11. „		1 3/4	1/4	—	—	—	—		3 1/2	1/2	—	—	—	—
18. „		1 3/4	1/4	—	—	—	—		3 3/4	1/4	—	—	—	—
25. „		1 3/4	1/4	—	—	—	—		3 3/4	1/4	—	—	—	—
2. Juli		1 7/8	1/8	—	—	—	—		3 1/2	1/2	—	—	—	—
9. „		1 3/4	1/4	—	—	—	—		3 3/8	—	5/8	—	—	—
16. „		1 3/4	1/4	—	—	—	—		3 1/4	—	3/4	—	—	—
23. „		1 3/4	1/4	—	—	—	—		3 1/4	—	3/4	—	—	—
30. „		1 7/8	1/8	—	—	—	—		3 1/8	—	7/8	—	—	—
6. August		1 3/4	1/4	—	—	—	—		3 1/8	—	7/8	—	—	—
13. „		1 3/4	1/4	—	—	—	—		3 1/4	—	3/4	—	—	—
20. „		1 3/4	1/4	—	—	—	—		3 1/4	—	3/4	—	—	—
27. „		1 7/8	1/8	—	—	—	—		3 1/4	—	3/4	—	—	—
3. September		1 5/8	3/8	—	—	—	—		3 3/8	—	5/8	—	—	—
10. „		1 3/4	1/4	—	—	—	—		3 5/8	3/8	—	—	—	—
17. „		1 3/4	1/4	—	—	—	—		3 5/8	3/8	—	—	—	—
24. „		1 7/8	1/8	—	—	—	—		3 3/4	1/4	—	—	—	—
1. Oktober		1 7/8	1/8	—	—	—	—		3 7/8	1/8	—	—	—	—
8. „		1 7/8	1/8	—	—	—	—		4	0	—	—	—	—
15. „		2	0	—	—	—	—	5	3 7/8	—	—	1 1/8	—	—
22. „	3	2 3/8	—	5/8	—	—	—		4 1/8	—	7/8	—	—	—
29. „		2 3/4	2/8	—	—	—	—		4 3/8	—	5/8	—	—	—
5. November		2 3/4	1/4	—	—	—	—		4 3/8	—	5/8	—	—	—
12. „		2 7/8	1/8	—	—	—	—	5 1/2	4 7/8	—	5/8	—	—	—
19. „		3	0	—	—	—	—	6 (5 1/2)	4 7/8	—	—	1 1/8	—	—
26. „		3	0	—	—	—	—		5 1/8	—	7/8	—	—	—
3. Dezember		3	0	—	—	—	—		5	—	1	—	—	—
10. „		3	0	—	—	—	—		5 1/4	—	3/4	—	—	—
17. „		3	0	—	—	—	—		5 1/2	1/2	—	—	—	—
24. „		3	0	—	—	—	—		5 3/8	—	5/8	—	—	—
31. „		3	0	—	—	—	—		4 7/8	—	—	1 1/8	—	—
		53	52	1	—	—	—		53	18	25	7	3	—

Tabelle B (1899).

Datum	Paris Bank-diskont	Paris Privat-diskont	Paris Spannung: mehr als — höchstens $\frac{1}{2}$	Paris mehr als $\frac{1}{2}$ höchstens 1	Paris mehr als 1 höchstens $1\frac{1}{2}$	Paris mehr als $1\frac{1}{2}$ höchstens 2	Paris mehr als 2 höchstens —	Berlin Bank-diskont	Berlin Privat-diskont	Berlin Spannung: mehr als — höchstens $\frac{1}{2}$	Berlin mehr als $\frac{1}{2}$ höchstens 1	Berlin mehr als 1 höchstens $1\frac{1}{2}$	Berlin mehr als $1\frac{1}{2}$ höchstens 2	Berlin mehr als 2 höchstens —
7. Januar	3	3	0	—	—	—	—	6	$4\frac{7}{8}$	—	—	$1\frac{1}{8}$	—	—
14. "		3	0	—	—	—	—		$4\frac{5}{8}$	—	—	$1\frac{3}{8}$	—	—
21. "		$2\frac{7}{8}$	$\frac{1}{8}$	—	—	—	—	5	$4\frac{1}{8}$	—	$\frac{7}{8}$	—	—	—
28. "		$2\frac{15}{16}$	$\frac{1}{16}$	—	—	—	—		$3\frac{7}{8}$	—	—	$1\frac{1}{8}$	—	—
4. Februar		$2\frac{15}{16}$	$\frac{1}{16}$	—	—	—	—		$3\frac{3}{4}$	—	—	$1\frac{1}{4}$	—	—
11. "		$2\frac{3}{4}$	$\frac{1}{4}$	—	—	—	—		$3\frac{3}{4}$	—	—	$1\frac{1}{4}$	—	—
18. "		$2\frac{7}{8}$	$\frac{1}{8}$	—	—	—	—		$3\frac{3}{4}$	—	—	$1\frac{1}{4}$	—	—
25. "		$2\frac{3}{4}$	$\frac{1}{4}$	—	—	—	—	$4\frac{1}{2}$	$3\frac{1}{4}$	—	—	$1\frac{1}{4}$	—	—
4. März		$2\frac{7}{8}$	$\frac{1}{8}$	—	—	—	—		4	$\frac{1}{2}$	—	—	—	—
11. "		$2\frac{3}{4}$	$\frac{1}{4}$	—	—	—	—		$4\frac{1}{4}$	$\frac{1}{4}$	—	—	—	—
18. "		$2\frac{5}{8}$	$\frac{3}{8}$	—	—	—	—		$4\frac{3}{8}$	$\frac{1}{8}$	—	—	—	—
25. "		$2\frac{7}{8}$	$\frac{1}{8}$	—	—	—	—		$4\frac{3}{8}$	$\frac{1}{8}$	—	—	—	—
8. April		$2\frac{7}{8}$	$\frac{1}{8}$	—	—	—	—		$3\frac{3}{4}$	—	$\frac{3}{4}$	—	—	—
15. "		$2\frac{3}{4}$	$\frac{1}{4}$	—	—	—	—		$3\frac{3}{4}$	—	$\frac{3}{4}$	—	—	—
22. "		$2\frac{2}{4}$	$\frac{1}{4}$	—	—	—	—		$3\frac{5}{8}$	—	$\frac{7}{8}$	—	—	—
29. "		$2\frac{15}{15}$	$\frac{1}{16}$	—	—	—	—		$3\frac{5}{8}$	—	$\frac{7}{8}$	—	—	—
6. Mai		$2\frac{15}{16}$	$\frac{1}{16}$	—	—	—	—		$3\frac{1}{2}$	—	1	—	—	—
13. "		$2\frac{7}{8}$	$\frac{1}{8}$	—	—	—	—	4	$3\frac{1}{2}$	$\frac{1}{2}$	—	—	—	—
20. "		$2\frac{7}{8}$	$\frac{1}{8}$	—	—	—	—		$3\frac{5}{8}$	$\frac{3}{8}$	—	—	—	—
27. "		$2\frac{7}{8}$	$\frac{1}{8}$	—	—	—	—		$3\frac{3}{4}$	$\frac{1}{4}$	—	—	—	—
3. Juni		$2\frac{7}{8}$	$\frac{1}{8}$	—	—	—	—		$3\frac{5}{8}$	$\frac{3}{8}$	—	—	—	—
10. "		$2\frac{3}{4}$	$\frac{1}{4}$	—	—	—	—		$3\frac{3}{4}$	$\frac{1}{4}$	—	—	—	—
17. "		$2\frac{3}{4}$	$\frac{1}{4}$	—	—	—	—		4	0	—	—	—	—
24. "		$2\frac{3}{4}$	$\frac{1}{4}$	—	—	—	—	$4\frac{1}{2}$	$4\frac{1}{8}$	$\frac{3}{8}$	—	—	—	—
1. Juli		$2\frac{7}{8}$	$\frac{1}{8}$	—	—	—	—		4	$\frac{1}{2}$	—	—	—	—
8. "		$2\frac{3}{4}$	$\frac{1}{4}$	—	—	—	—		$3\frac{3}{4}$	—	$\frac{3}{4}$	—	—	—
15. "		$2\frac{3}{4}$	$\frac{1}{4}$	—	—	—	—		$3\frac{5}{8}$	—	—	$\frac{7}{8}$	—	—
22. "		$2\frac{7}{8}$	$\frac{1}{8}$	—	—	—	—		$3\frac{7}{8}$	—	$\frac{5}{8}$	—	—	—
29. "		$2\frac{7}{8}$	$\frac{1}{8}$	—	—	—	—		$3\frac{3}{4}$	—	$\frac{3}{4}$	—	—	—
5. August		$2\frac{15}{16}$	$\frac{1}{16}$	—	—	—	—		$4\frac{1}{8}$	$\frac{3}{8}$	—	—	—	—
12. "		$2\frac{15}{16}$	$\frac{1}{16}$	—	—	—	—	5	$4\frac{1}{4}$	—	$\frac{3}{4}$	—	—	—
19. "		$2\frac{5}{8}$	$\frac{3}{8}$	—	—	—	—		$4\frac{3}{4}$	$\frac{1}{4}$	—	—	—	—
26. "		$2\frac{5}{8}$	$\frac{3}{8}$	—	—	—	—		$4\frac{5}{8}$	$\frac{3}{8}$	—	—	—	—
2. September		$2\frac{3}{4}$	$\frac{1}{4}$	—	—	—	—		$4\frac{5}{8}$	$\frac{3}{8}$	—	—	—	—
9. "		$2\frac{5}{8}$	$\frac{3}{8}$	—	—	—	—		$4\frac{3}{4}$	$\frac{1}{4}$	—	—	—	—
16. "		$2\frac{3}{4}$	$\frac{1}{4}$	—	—	—	—		5	0	—	—	—	—
23. "		$2\frac{7}{8}$	$\frac{1}{8}$	—	—	—	—		$4\frac{3}{4}$	$\frac{1}{4}$	—	—	—	—
30. "		3	0	—	—	—	—		5	0	—	—	—	—
7. Oktober		3	0	—	—	—	—	6	5	—	1	—	—	—
14. "		3	0	—	—	—	—		$4\frac{7}{8}$	—	—	$1\frac{1}{8}$	—	—
21. "		3	0	—	—	—	—		$5\frac{1}{4}$	—	$\frac{3}{4}$	—	—	—
28. "		3	0	—	—	—	—		$5\frac{1}{4}$	—	$\frac{3}{4}$	—	—	—
4. November		3	0	—	—	—	—		$5\frac{1}{8}$	—	$\frac{7}{8}$	—	—	—
11. "		3	0	—	—	—	—		$5\frac{3}{4}$	$\frac{1}{4}$	—	—	—	—
18. "		3	0	—	—	—	—		$5\frac{7}{8}$	$\frac{1}{8}$	—	—	—	—
25. "		3	0	—	—	—	—		$5\frac{5}{8}$	$\frac{3}{8}$	—	—	—	—
2. Dezember		3	0	—	—	—	—		$5\frac{5}{8}$	$\frac{3}{8}$	—	—	—	—
9. "	$3\frac{1}{2}$	3	$\frac{1}{2}$	—	—	—	—		$5\frac{3}{4}$	$\frac{1}{4}$	—	—	—	—
16. "		3	$\frac{1}{2}$	—	—	—	—		6	0	—	—	—	—
23. "	$4\frac{1}{2}$	3	—	—	$1\frac{1}{2}$	—	—	7	$6\frac{3}{8}$	—	$\frac{5}{8}$	—	—	—
30. "		$4\frac{1}{2}$	0	—	—	—	—		$6\frac{1}{8}$	—	$\frac{7}{8}$	—	—	—
		51	50	—	1	—	—		51	26	16	9	—	—

Tabelle C (1900).

Datum	Paris Bankdiskont	Paris Privatdiskont	Paris Spannung: mehr als — höchstens $\frac{1}{2}$	Paris Spannung: mehr als $\frac{1}{2}$ höchstens 1	Paris Spannung: mehr als 1 höchstens $1\frac{1}{2}$	Paris Spannung: mehr als $1\frac{1}{2}$ höchstens 2	Paris Spannung: mehr als 2 höchstens —	Berlin Bankdiskont	Berlin Privatdiskont	Berlin Spannung: mehr als — höchstens $\frac{1}{2}$	Berlin Spannung: mehr als $\frac{1}{2}$ höchstens 1	Berlin Spannung: mehr als 1 höchstens $1\frac{1}{2}$	Berlin Spannung: mehr als $1\frac{1}{2}$ höchstens 2	Berlin Spannung: mehr als 2 höchstens —
6. Januar	$4\frac{1}{2}$	$4\frac{1}{2}$	0	—	—	—	—	7	$5\frac{5}{8}$	—	—	$1\frac{3}{8}$	—	—
13. „	4	4	0	—	—	—	—	6	$4\frac{1}{4}$	—	—	—	$1\frac{3}{4}$	—
20. „		$3\frac{7}{8}$	$\frac{1}{8}$	—	—	—	—		$4\frac{1}{8}$	—	—	—	$1\frac{7}{8}$	—
27. „	$3\frac{1}{2}$ (3)	$3\frac{7}{8}$	höher um $\frac{3}{8}$	—	—	—	—	$5\frac{1}{2}$ (6)	$4\frac{1}{8}$	—	—	$1\frac{3}{8}$	—	—
3. Februar		$3\frac{1}{2}$	0	—	—	—	—		$3\frac{7}{8}$	—	—	—	$1\frac{5}{8}$	—
10. „		$3\frac{3}{8}$	$\frac{1}{8}$	—	—	—	—		$3\frac{3}{4}$	—	—	—	$1\frac{3}{4}$	—
17. „		$3\frac{3}{8}$	$\frac{1}{8}$	—	—	—	—		4	—	—	$1\frac{1}{2}$	—	—
24. „		$3\frac{3}{8}$	$\frac{1}{8}$	—	—	—	—		$4\frac{3}{4}$	—	$\frac{3}{4}$	—	—	—
3. März		$3\frac{3}{8}$	$\frac{1}{8}$	—	—	—	—		$4\frac{7}{8}$	—	$\frac{5}{8}$	—	—	—
10. „		$3\frac{3}{8}$	$\frac{1}{8}$	—	—	—	—		$5\frac{1}{8}$	$\frac{3}{8}$	—	—	—	—
17. „		$3\frac{3}{8}$	$\frac{1}{8}$	—	—	—	—		$5\frac{1}{4}$	$\frac{1}{4}$	—	—	—	—
24. „		$3\frac{1}{2}$	0	—	—	—	—		$5\frac{3}{8}$	$\frac{1}{8}$	—	—	—	—
31. „		$3\frac{1}{2}$	0	—	—	—	—		$5\frac{1}{4}$	$\frac{1}{4}$	—	—	—	—
7. April		$3\frac{1}{2}$	0	—	—	—	—		$4\frac{3}{8}$	—	—	$1\frac{1}{8}$	—	—
14. „		$3\frac{1}{2}$	0	—	—	—	—		$4\frac{3}{8}$	—	—	$1\frac{1}{8}$	—	—
21. „		$3\frac{1}{2}$	0	—	—	—	—		$4\frac{1}{2}$	—	1	—	—	—
28. „		$3\frac{1}{2}$	0	—	—	—	—		$4\frac{3}{8}$	—	—	$1\frac{1}{8}$	—	—
5. Mai		$3\frac{1}{2}$	0	—	—	—	—		$4\frac{1}{2}$	—	1	—	—	—
12. „		$3\frac{1}{4}$	$\frac{1}{4}$	—	—	—	—		$4\frac{1}{2}$	—	1	—	—	—
19. „	$3\frac{1}{2}$	$3\frac{1}{4}$	$\frac{1}{4}$	—	—	—	—		$4\frac{1}{2}$	—	1	—	—	—
26. „	3	3	0	—	—	—	—		$4\frac{1}{2}$	—	1	—	—	—
2. Juni		$2\frac{3}{4}$	$\frac{1}{4}$	—	—	—	—		$4\frac{5}{8}$	—	$\frac{7}{8}$	—	—	—
9. „		$2\frac{7}{8}$	$\frac{1}{8}$	—	—	—	—		$4\frac{5}{8}$	—	$\frac{7}{8}$	—	—	—
16. „		$2\frac{3}{4}$	$\frac{1}{4}$	—	—	—	—		$5\frac{1}{8}$	$\frac{3}{8}$	—	—	—	—
23. „		$2\frac{3}{4}$	$\frac{1}{4}$	—	—	—	—		$4\frac{7}{8}$	—	$\frac{5}{8}$	—	—	—
30. „		$2\frac{7}{8}$	$\frac{1}{8}$	—	—	—	—		$4\frac{3}{4}$	—	$\frac{3}{4}$	—	—	—
7. Juli		$2\frac{7}{8}$	$\frac{1}{8}$	—	—	—	—		$4\frac{1}{8}$	—	—	$1\frac{3}{8}$	—	—
14. „		$2\frac{7}{8}$	$\frac{1}{8}$	—	—	—	—	5	4	—	1	—	—	—
21. „		$2\frac{7}{8}$	$\frac{1}{8}$	—	—	—	—		4	—	1	—	—	—
28. „		$2\frac{15}{16}$	$\frac{1}{16}$	—	—	—	—		4	—	1	—	—	—
4. August		$2\frac{7}{8}$	$\frac{1}{8}$	—	—	—	—		4	—	1	—	—	—
11. „		$2\frac{3}{4}$	$\frac{1}{4}$	—	—	—	—		$4\frac{1}{4}$	—	$\frac{3}{4}$	—	—	—
18. „		$2\frac{15}{16}$	$\frac{1}{16}$	—	—	—	—		$4\frac{1}{8}$	—	$\frac{7}{8}$	—	—	—
25. „		$2\frac{5}{8}$	$\frac{3}{8}$	—	—	—	—		4	—	1	—	—	—
1. September		$2\frac{5}{8}$	$\frac{3}{8}$	—	—	—	—		$3\frac{7}{8}$	—	—	$1\frac{1}{8}$	—	—
8. „		$2\frac{5}{8}$	$\frac{3}{8}$	—	—	—	—		$4\frac{1}{8}$	—	$\frac{7}{8}$	—	—	—
15. „		$2\frac{5}{8}$	$\frac{3}{8}$	—	—	—	—		$4\frac{5}{8}$	$\frac{3}{8}$	—	—	—	—
22. „		$2\frac{3}{4}$	$\frac{1}{4}$	—	—	—	—		$4\frac{1}{2}$	$\frac{1}{2}$	—	—	—	—
29. „		$2\frac{7}{8}$	$\frac{1}{8}$	—	—	—	—		$4\frac{1}{2}$	$\frac{1}{2}$	—	—	—	—
6. Oktober		3	0	—	—	—	—		4	—	1	—	—	—
13. „		3	0	—	—	—	—		$4\frac{1}{8}$	—	$\frac{7}{8}$	—	—	—
20. „		3	0	—	—	—	—		$4\frac{1}{8}$	—	$\frac{7}{8}$	—	—	—
27. „		3	0	—	—	—	—		$3\frac{7}{8}$	—	—	$1\frac{1}{8}$	—	—
3. November		3	0	—	—	—	—		4	—	1	—	—	—
10. „		$2\frac{7}{8}$	$\frac{1}{8}$	—	—	—	—		$4\frac{1}{8}$	—	$\frac{7}{8}$	—	—	—
17. „		$2\frac{7}{8}$	$\frac{1}{8}$	—	—	—	—		$4\frac{1}{4}$	—	$\frac{3}{4}$	—	—	—
24. „		$2\frac{7}{8}$	$\frac{1}{8}$	—	—	—	—		$4\frac{1}{4}$	—	$\frac{3}{4}$	—	—	—
1. Dezember		3	0	—	—	—	—		$4\frac{1}{4}$	—	$\frac{3}{4}$	—	—	—
8. „		3	0	—	—	—	—		$4\frac{1}{4}$	—	$\frac{3}{4}$	—	—	—
15. „		3	0	—	—	—	—		$4\frac{5}{8}$	$\frac{3}{8}$	—	—	—	—
22. „		3	0	—	—	—	—		$4\frac{3}{4}$	$\frac{1}{4}$	—	—	—	—
29. „		3	0	—	—	—	—		$4\frac{5}{8}$	$\frac{3}{8}$	—	—	—	—
		52	52	—	—	—	—		52	11	28	9	4	—

Tabelle D (1901).

Datum	Paris							Berlin						
	Bank-diskont	Privat-diskont	Spannung: mehr als — höchstens $\frac{1}{2}$	mehr als $\frac{1}{2}$ höchstens 1	mehr als 1 höchstens $1\frac{1}{2}$	mehr als $1\frac{1}{2}$ höchstens 2	mehr als 2 höchstens —	Bank-diskont	Privat-diskont	Spannung: mehr als — höchstens $\frac{1}{2}$	mehr als $\frac{1}{2}$ höchstens 1	mehr als 1 höchstens $1\frac{1}{2}$	mehr als $1\frac{1}{2}$ höchstens 2	mehr als 2 höchstens —
5. Januar	3	3	0	—	—	—	—	5	$3\frac{7}{8}$	—	—	$1\frac{1}{8}$	—	—
12. "		3	0	—	—	—	—		$3\frac{5}{8}$	—	—	$1\frac{3}{8}$	—	—
19. "		$2\frac{7}{8}$	$\frac{1}{8}$	—	—	—	—		$3\frac{1}{2}$	—	—	$1\frac{1}{2}$	—	—
26. "		$2\frac{7}{8}$	$\frac{1}{8}$	—	—	—	—		$3\frac{3}{8}$	—	—	—	$1\frac{5}{8}$	—
2. Februar		$2\frac{13}{16}$	$\frac{3}{16}$	—	—	—	—		$3\frac{1}{8}$	—	—	—	$1\frac{7}{8}$	—
9. "		$2\frac{1}{2}$	$\frac{1}{2}$	—	—	—	—		3	—	—	—	2	—
16. "		$2\frac{3}{8}$	—	$\frac{5}{8}$	—	—	—		$3\frac{1}{8}$	—	—	—	$1\frac{7}{8}$	—
23. "		$2\frac{1}{2}$	$\frac{1}{2}$	—	—	—	—		$3\frac{3}{8}$	—	—	—	$1\frac{5}{8}$	—
2. März		$2\frac{1}{2}$	$\frac{1}{2}$	—	—	—	—	$4\frac{1}{2}$	$3\frac{3}{8}$	—	—	$1\frac{1}{8}$	—	—
9. "		$2\frac{1}{2}$	$\frac{1}{2}$	—	—	—	—		$3\frac{1}{2}$	—	1	—	—	—
16. "		$2\frac{3}{8}$	—	$\frac{5}{8}$	—	—	—		$3\frac{7}{8}$	—	$\frac{5}{8}$	—	—	—
23. "		$2\frac{5}{8}$	$\frac{3}{8}$	—	—	—	—		4	$\frac{1}{2}$	—	—	—	—
30. "		$2\frac{3}{4}$	$\frac{1}{4}$	—	—	—	—		$3\frac{7}{8}$	—	$\frac{5}{8}$	—	—	—
6. April		$2\frac{13}{16}$	$\frac{3}{16}$	—	—	—	—		$3\frac{5}{8}$	—	$\frac{7}{8}$	—	—	—
13. "		$2\frac{3}{4}$	$\frac{1}{4}$	—	—	—	—		$3\frac{1}{2}$	—	1	—	—	—
20. "		$2\frac{5}{8}$	$\frac{3}{8}$	—	—	—	—		$3\frac{1}{2}$	—	1	—	—	—
27. "		$2\frac{3}{4}$	$\frac{1}{4}$	—	—	—	—	4	$3\frac{1}{8}$	—	$\frac{7}{8}$	—	—	—
4. Mai		$2\frac{5}{8}$	$\frac{3}{8}$	—	—	—	—		3	—	1	—	—	—
11. "		$2\frac{3}{4}$	$\frac{1}{4}$	—	—	—	—		$3\frac{1}{4}$	—	$\frac{3}{4}$	—	—	—
18. "		$2\frac{3}{4}$	$\frac{1}{4}$	—	—	—	—		$3\frac{3}{8}$	—	$\frac{5}{8}$	—	—	—
25. "		$2\frac{1}{2}$	$\frac{1}{2}$	—	—	—	—		$3\frac{1}{8}$	—	$\frac{7}{8}$	—	—	—
1. Juni		$2\frac{1}{2}$	$\frac{1}{2}$	—	—	—	—		$3\frac{1}{8}$	—	$\frac{7}{8}$	—	—	—
8. "		$2\frac{3}{8}$	—	$\frac{5}{8}$	—	—	—		$3\frac{1}{8}$	—	$\frac{7}{8}$	—	—	—
15. "		2	—	1	—	—	—		$3\frac{1}{8}$	—	$\frac{7}{8}$	—	—	—
22. "		$1\frac{7}{8}$	—	—	$1\frac{1}{8}$	—	—	$3\frac{1}{2}$	$3\frac{1}{8}$	$\frac{3}{8}$	—	—	—	—
29. "		2	—	1	—	—	—		$3\frac{1}{4}$	$\frac{1}{4}$	—	—	—	—
6. Juli		2	—	1	—	—	—		3	$\frac{1}{2}$	—	—	—	—
13. "		2	—	1	—	—	—		3	$\frac{1}{2}$	—	—	—	—
20. "		2	—	1	—	—	—		$2\frac{3}{4}$	—	$\frac{3}{4}$	—	—	—
27. "		2	—	1	—	—	—		$2\frac{5}{8}$	—	$\frac{7}{8}$	—	—	—
3. August		2	—	1	—	—	—		$2\frac{1}{4}$	—	—	$1\frac{1}{4}$	—	—
10. "		$2\frac{1}{16}$	—	$\frac{15}{16}$	—	—	—		$2\frac{1}{4}$	—	—	$1\frac{1}{4}$	—	—
17. "		$1\frac{5}{8}$	—	—	$1\frac{3}{8}$	—	—		$2\frac{1}{4}$	—	—	$1\frac{1}{4}$	—	—
24. "		$2\frac{1}{16}$	—	$\frac{15}{16}$	—	—	—		$2\frac{3}{8}$	—	—	$1\frac{1}{8}$	—	—
31. "		$1\frac{3}{4}$	—	—	$1\frac{1}{4}$	—	—		$2\frac{1}{4}$	—	—	$1\frac{1}{4}$	—	—
7. September		$1\frac{3}{4}$	—	—	$1\frac{1}{4}$	—	—		$2\frac{1}{2}$	—	1	—	—	—
14. "		$1\frac{5}{8}$	—	—	$1\frac{3}{8}$	—	—		$2\frac{1}{2}$	—	1	—	—	—
21. "		$1\frac{7}{8}$	—	—	$1\frac{1}{8}$	—	—		$2\frac{3}{4}$	—	$\frac{3}{4}$	—	—	—
28. "		$1\frac{1}{2}$	—	—	$1\frac{1}{2}$	—	—	4	3	—	1	—	—	—
5. Oktober		$1\frac{5}{8}$	—	—	$1\frac{3}{8}$	—	—		$2\frac{3}{4}$	—	—	$1\frac{1}{4}$	—	—
12. "		$2\frac{1}{4}$	—	$\frac{3}{4}$	—	—	—		$2\frac{1}{2}$	—	—	$1\frac{1}{2}$	—	—
19. "		$2\frac{5}{8}$	$\frac{3}{8}$	—	—	—	—		3	—	1	—	—	—
26. "		$2\frac{7}{8}$	$\frac{1}{8}$	—	—	—	—		3	—	1	—	—	—
2. November		3	0	—	—	—	—		$2\frac{7}{8}$	—	—	$1\frac{1}{8}$	—	—
9. "		$2\frac{7}{8}$	$\frac{1}{8}$	—	—	—	—		3	—	1	—	—	—
16. "		$2\frac{3}{4}$	$\frac{1}{4}$	—	—	—	—		3	—	1	—	—	—
23. "		$2\frac{3}{8}$	—	$\frac{5}{8}$	—	—	—		$2\frac{7}{8}$	—	—	$1\frac{1}{8}$	—	—
30. "		$2\frac{5}{8}$	$\frac{3}{8}$	—	—	—	—		$2\frac{7}{8}$	—	—	$1\frac{1}{8}$	—	—
7. Dezember		$2\frac{5}{8}$	$\frac{3}{8}$	—	—	—	—		$2\frac{15}{16}$	—	—	$1\frac{1}{16}$	—	—
14. "		$2\frac{3}{4}$	$\frac{1}{4}$	—	—	—	—		3	—	1	—	—	—
21. "		3	0	—	—	—	—		$3\frac{1}{4}$	—	$\frac{3}{4}$	—	—	—
28. "		$2\frac{3}{4}$	$\frac{1}{4}$	—	—	—	—		$3\frac{1}{8}$	—	$\frac{7}{8}$	—	—	—
		52	30	14	8	—	—		52	5	27	15	5	—

Tabelle E (1902).

Datum	Paris: Bankdiskont	Paris: Privatdiskont	Paris: Spannung: mehr als — / höchstens 1/2	Paris: mehr als 1/2 / höchstens 1	Paris: mehr als 1 / höchstens 1 1/2	Paris: mehr als 1 1/2 / höchstens 2	Paris: mehr als 2 / höchstens —	Berlin: Bankdiskont	Berlin: Privatdiskont	Berlin: Spannung: mehr als — / höchstens 1/2	Berlin: mehr als 1/2 / höchstens 1	Berlin: mehr als 1 / höchstens 1 1/2	Berlin: mehr als 1 1/2 / höchstens 2	Berlin: mehr als 2 / höchstens —
4. Januar	3	2 3/4	1/4	—	—	—	—	4	2 5/8	—	—	1 3/8	—	—
11. „		2 3/4	1/4	—	—	—	—		2 3/8	—	—	—	1 5/8	—
18. „		2 3/4	1/4	—	—	—	—	3 1/2 (4)	2	—	—	1 1/2	—	—
25. „		2 7/8	1/8	—	—	—	—	3 1/2 (4)	2 1/8	—	—	1 3/8	—	—
1. Februar		2 7/8	1/8	—	—	—	—	3 1/2	2 1/8	—	—	1 3/8	—	—
8. „		2 5/8	3/8	—	—	—	—		2 1/8	—	—	1 3/8	—	—
15. „		2 1/2	1/2	—	—	—	—	3	1 7/8	—	—	1 1/8	—	—
22. „		2 3/8	—	5/8	—	—	—		1 3/4	—	—	1 1/4	—	—
1. März		2 3/8	—	5/8	—	—	—		1 5/8	—	—	1 3/8	—	—
8. „		2 1/4	—	3/4	—	—	—		1 1/2	—	—	1 1/2	—	—
15. „		2 1/4	—	3/4	—	—	—		1 7/8	—	—	1 1/8	—	—
22. „		2 1/8	—	7/8	—	—	—		2	—	1	—	—	—
29. „		2 5/16	—	11/16	—	—	—		2	—	1	—	—	—
5. April		2 1/4	—	3/4	—	—	—		1 3/4	—	—	1 1/4	—	—
12. „		2 1/4	—	3/4	—	—	—		1 3/4	—	—	1 1/4	—	—
19. „		2 3/8	—	5/8	—	—	—		1 3/4	—	—	1 1/4	—	—
26. „		2	—	1	—	—	—		1 3/4	—	—	1 1/4	—	—
3. Mai		2	—	1	—	—	—		1 3/4	—	—	1 1/4	—	—
10. „		1 7/8	—	—	1 1/8	—	—		1 7/8	—	—	1 1/8	—	—
17. „		1 7/8	—	—	1 1/8	—	—		2 1/8	—	7/8	—	—	—
24. „		1 3/4	—	—	1 1/4	—	—		2 1/4	—	3/4	—	—	—
31. „		1 7/8	—	—	1 1/8	—	—		2 1/8	—	7/8	—	—	—
7. Juni		2	—	1	—	—	—		2 1/2	1/2	—	—	—	—
14. „		1 3/4	—	—	1 1/4	—	—		2 1/8	—	7/8	—	—	—
21. „		2 3/8	—	5/8	—	—	—		2 1/4	—	3/4	—	—	—
28. „		2 9/16	7/16	—	—	—	—		2 1/4	—	3/4	—	—	—
5. Juli		2 3/8	—	5/8	—	—	—		1 7/8	—	—	1 1/8	—	—
12. „		2 1/2	1/2	—	—	—	—		1 5/8	—	—	1 3/8	—	—
19. „		2 1/2	1/2	—	—	—	—		1 1/2	—	—	1 1/2	—	—
26. „		2 1/4	—	3/4	—	—	—		1 1/2	—	—	1 1/2	—	—
2. August		2 5/16	—	11/16	—	—	—		1 1/2	—	—	1 1/2	—	—
9. „		1 7/8	—	—	1 1/8	—	—		1 5/8	—	—	1 3/8	—	—
16. „		1 7/8	—	—	1 1/8	—	—		1 7/8	—	—	1 1/8	—	—
23. „		1 7/8	—	—	1 1/8	—	—		1 3/4	—	—	1 1/4	—	—
30. „		2	—	1	—	—	—		1 7/8	—	—	1 1/8	—	—
6. September		1 3/4	—	—	1 1/4	—	—		1 3/4	—	—	1 1/4	—	—
13. „		1 3/4	—	—	1 1/4	—	—		2	—	1	—	—	—
20. „		2	—	1	—	—	—		2 3/8	—	5/8	—	—	—
27. „		2 3/8	—	5/8	—	—	—		2 1/2	1/2	—	—	—	—
4. Oktober		2	—	1	—	—	—	4 (3)	2 5/8	—	—	1 3/8	—	—
11. „		2 1/4	—	3/4	—	—	—	4 (3)	2 3/8	—	—	—	1 5/8	—
18. „		2 1/2	1/2	—	—	—	—	4	3	—	1	—	—	—
25. „		2 7/8	1/8	—	—	—	—		2 3/4	—	—	1 1/4	—	—
1. November		3	0	—	—	—	—		3	—	1	—	—	—
8. „		2 7/8	1/8	—	—	—	—		3	—	1	—	—	—
15. „		3	0	—	—	—	—		3	—	1	—	—	—
22. „		3	0	—	—	—	—		3 1/4	—	3/4	—	—	—
29. „		3	0	—	—	—	—		3 1/4	—	3/4	—	—	—
6. Dezember		2 3/4	1/4	—	—	—	—		3 1/4	—	3/4	—	—	—
13. „		2 3/4	1/4	—	—	—	—		3 3/8	—	5/8	—	—	—
20. „		2 13/16	3/16	—	—	—	—		3 1/2	1/2	—	—	—	—
27. „		2 15/16	1/16	—	—	—	—		3 1/2	1/2	—	—	—	—
		52	21	21	10	—	—		52	4	18	28	2	—

Tabelle F (1903).

Datum	Paris Bankdiskont	Paris Privatdiskont	Paris Spannung: mehr als — höchstens 1/2	Paris Spannung: mehr als 1/2 höchstens 1	Paris Spannung: mehr als 1 höchstens 1 1/2	Paris Spannung: mehr als 1 1/2 höchstens 2	Paris Spannung: mehr als 2 höchstens —	Berlin Bankdiskont	Berlin Privatdiskont	Berlin Spannung: mehr als — höchstens 1/2	Berlin Spannung: mehr als 1/2 höchstens 1	Berlin Spannung: mehr als 1 höchstens 1 1/2	Berlin Spannung: mehr als 1 1/2 höchstens 2	Berlin Spannung: mehr als 2 höchstens —
3. Januar	3	2 3/16	—	13/16	—	—	—	4	3 1/2	1/2	—	—	—	—
10. "		2 7/8	1/8	—	—	—	—		2 1/2	—	—	1 1/2	—	—
17. "		2 7/8	1/8	—	—	—	—		2 3/8	—	—	—	1 5/8	—
24. "		2 7/8	1/8	—	—	—	—		2 1/8	—	—	—	1 7/8	—
31. "		2 7/8	1/8	—	—	—	—		2	—	—	—	2	—
7. Februar		2 13/16	3/16	—	—	—	—		1 7/8	—	—	—	—	2 1/8
14. "		2 7/8	1/8	—	—	—	—	3 1/2	1 7/8	—	—	—	1 5/8	—
21. "		2 3/4	1/4	—	—	—	—		1 7/8	—	—	—	1 5/8	—
28. "		2 3/4	1/4	—	—	—	—		2	—	—	1 1/2	—	—
7. März		2 7/8	1/8	—	—	—	—		2 1/4	—	—	1 1/4	—	—
14. "		2 7/8	1/8	—	—	—	—		2 1/2	—	1	—	—	—
21. "		2 7/8	1/8	—	—	—	—		3	1/2	—	—	—	—
28. "		3	0	—	—	—	—		3	1/2	—	—	—	—
4. April		2 7/8	1/8	—	—	—	—		2 3/8	—	—	1 1/8	—	—
11. "		2 15/16	1/16	—	—	—	—		2 3/8	—	—	1 1/8	—	—
18. "		2 7/8	1/8	—	—	—	—		2 5/8	—	7/8	—	—	—
25. "		2 7/8	1/8	—	—	—	—		2 5/8	—	7/8	—	—	—
2. Mai		2 7/8	1/8	—	—	—	—		2 7/8	—	5/8	—	—	—
9. "		2 3/4	1/4	—	—	—	—		3	1/2	—	—	—	—
16. "		2 11/16	5/16	—	—	—	—		3	1/2	—	—	—	—
23. "		2 5/8	3/8	—	—	—	—		3 1/8	3/8	—	—	—	—
30. "		2 5/8	3/8	—	—	—	—		3 1/8	3/8	—	—	—	—
6. Juni		2 5/8	3/8	—	—	—	—		3 1/8	3/8	—	—	—	—
13. "		2 5/8	3/8	—	—	—	—	4	3 1/8	—	7/8	—	—	—
20. "		2 5/8	3/8	—	—	—	—		3 3/8	—	5/8	—	—	—
27. "		2 3/8	—	5/8	—	—	—		3 1/2	1/2	—	—	—	—
4. Juli		2 3/4	1/4	—	—	—	—		3	—	1	—	—	—
11. "		2 5/8	3/8	—	—	—	—		2 3/4	—	—	1 1/4	—	—
18. "		2 7/8	1/8	—	—	—	—		2 7/8	—	—	1 1/8	—	—
25. "		2 5/8	3/8	—	—	—	—		3	—	1	—	—	—
1. August		2 1/2	1/2	—	—	—	—		3 1/8	—	7/8	—	—	—
8. "		2 1/8	—	7/8	—	—	—		3 1/4	—	3/4	—	—	—
15. "		2 3/16	—	13/16	—	—	—		3 1/8	—	7/8	—	—	—
22. "		2 1/4	—	3/4	—	—	—		3 3/8	—	5/8	—	—	—
29. "		2 1/2	1/2	—	—	—	—		3 3/8	—	5/8	—	—	—
5. September		2 1/2	1/2	—	—	—	—		3 1/2	1/2	—	—	—	—
12. "		2 1/2	1/2	—	—	—	—		3 3/4	1/4	—	—	—	—
19. "		2 3/4	1/4	—	—	—	—		3 3/4	1/4	—	—	—	—
26. "		2 3/4	1/4	—	—	—	—		3 3/4	1/4	—	—	—	—
3. Oktober		2 5/8	3/8	—	—	—	—		3 5/8	3/8	—	—	—	—
10. "		2 5/8	3/8	—	—	—	—		3	—	1	—	—	—
17. "		2 3/4	1/4	—	—	—	—		3 1/4	—	3/4	—	—	—
24. "		2 3/4	1/4	—	—	—	—		3 1/2	1/2	—	—	—	—
31. "		2 7/8	1/8	—	—	—	—		3 1/2	1/2	—	—	—	—
7. November		2 3/4	1/4	—	—	—	—		3 3/8	—	5/8	—	—	—
14. "		2 7/8	1/8	—	—	—	—		3 1/2	1/2	—	—	—	—
21. "		2 7/8	1/8	—	—	—	—		3 1/2	1/2	—	—	—	—
28. "		2 7/8	1/8	—	—	—	—		3 1/2	1/2	—	—	—	—
5. Dezember		2 3/4	1/4	—	—	—	—		3 3/8	—	5/8	—	—	—
12. "		2 7/8	1/8	—	—	—	—		3 1/2	1/2	—	—	—	—
19. "		2 7/8	1/8	—	—	—	—		3 5/8	3/8	—	—	—	—
26. "		2 15/16	1/16	—	—	—	—		3 3/4	1/4	—	—	—	—
		52	47	5	—	—	—		52	22	17	7	5	1

Tabelle G (1904).

Datum	Paris: Bankdiskont	Paris: Privatdiskont	Paris: Spannung mehr als — / höchstens 1/2	Paris: mehr als 1/2 / höchstens 1	Paris: mehr als 1 / höchstens 1 1/2	Paris: mehr als 1 1/2 / höchstens 2	Paris: mehr als 2 / höchstens —	Berlin: Bankdiskont	Berlin: Privatdiskont	Berlin: Spannung mehr als — / höchstens 1/2	Berlin: mehr als 1/2 / höchstens 1	Berlin: mehr als 1 / höchstens 1 1/2	Berlin: mehr als 1 1/2 / höchstens 2	Berlin: mehr als 2 / höchstens —
2. Januar	3	2 7/8	1/8	—	—	—	—	4	3 1/8	—	7/8	—	—	—
9. "		2 7/8	1/8	—	—	—	—		2 3/4	—	—	1 1/4	—	—
16. "		2 3/4	1/4	—	—	—	—		2 3/4	—	—	1 1/4	—	—
23. "		2 3/4	1/4	—	—	—	—		2 3/8	—	—	—	1 5/8	—
30. "		2 7/8	1/8	—	—	—	—		2 3/8	—	—	—	1 5/8	—
6. Februar		2 5/8	3/8	—	—	—	—		2 1/4	—	—	—	1 3/4	—
13. "		2 5/8	3/8	—	—	—	—		2 3/4	—	—	1 1/4	—	—
20. "		2 1/2	1/2	—	—	—	—		3 1/8	—	7/8	—	—	—
27. "		2 1/2	1/2	—	—	—	—		3	—	1	—	—	—
5. März		2 5/8	3/8	—	—	—	—		3 1/8	—	7/8	—	—	—
12. "		2 5/8	3/8	—	—	—	—		3 3/8	—	5/8	—	—	—
19. "		2 3/4	1/4	—	—	—	—		3 1/2	1/2	—	—	—	—
26. "		2 3/4	1/4	—	—	—	—		3 3/4	1/4	—	—	—	—
2. April		2 3/4	1/4	—	—	—	—		3 1/4	—	3/4	—	—	—
9. "		2 3/4	1/4	—	—	—	—		2 7/8	—	—	1 1/8	—	—
16. "		2 3/4	1/4	—	—	—	—		2 3/4	—	—	1 1/4	—	—
23. "		2 11/16	5/16	—	—	—	—		2 7/8	—	—	1 1/8	—	—
30. "		2 5/8	3/8	—	—	—	—		2 7/8	—	—	1 1/8	—	—
7. Mai		2 1/2	1/2	—	—	—	—		3	—	1	—	—	—
14. "		2 5/16	—	11/16	—	—	—		3	—	1	—	—	—
21. "		2 5/16	—	11/16	—	—	—		3 3/8	—	5/8	—	—	—
28. "		2 5/16	—	11/16	—	—	—		3	—	1	—	—	—
4. Juni		2 1/4	—	3/4	—	—	—		2 5/8	—	—	1 3/8	—	—
11. "		1 3/4	—	—	1 1/4	—	—		2 7/8	—	—	1 1/8	—	—
18. "		1 3/8	—	—	—	1 5/8	—		3	—	1	—	—	—
25. "		1 1/2	—	—	1 1/2	—	—		3 1/8	—	7/8	—	—	—
2. Juli		1 9/16	—	—	1 7/16	—	—		3 1/8	—	7/8	—	—	—
9. "		1 3/8	—	—	—	1 5/8	—		2 1/2	—	—	1 1/2	—	—
16. "		1 5/16	—	—	—	1 11/16	—		2 3/4	—	—	1 1/4	—	—
23. "		1 3/8	—	—	—	1 5/8	—		2 1/2	—	—	1 1/2	—	—
30. "		1 1/2	—	—	1 1/2	—	—		2 1/2	—	—	1 1/2	—	—
6. August		1 1/4	—	—	—	1 3/4	—		2 5/8	—	—	1 3/8	—	—
13. "		1 1/4	—	—	—	1 3/4	—		2 1/2	—	—	1 1/2	—	—
20. "		1 1/8	—	—	—	1 7/8	—		2 3/4	—	—	1 1/4	—	—
27. "		1 3/16	—	—	—	1 13/16	—		2 1/2	—	—	1 1/2	—	—
3. September		1 1/4	—	—	—	1 3/4	—		2 5/8	—	—	1 3/8	—	—
10. "		1 3/8	—	—	—	1 5/8	—		2 1/2	—	—	1 1/2	—	—
17. "		1 3/8	—	—	—	1 5/8	—		3 1/8	—	7/8	—	—	—
24. "		1 3/8	—	—	—	1 5/8	—		3 1/4	—	3/4	—	—	—
1. Oktober		1 3/8	—	—	—	1 5/8	—		3 1/8	—	7/8	—	—	—
8. "		1 3/4	—	—	1 1/4	—	—		3 1/8	—	7/8	—	—	—
15. "		2 1/8	—	7/8	—	—	—	5	3 1/2	—	—	1 1/2	—	—
22. "		2 5/8	3/8	—	—	—	—		3 7/8	—	—	1 1/8	—	—
29. "		2 5/8	3/8	—	—	—	—		4 1/8	—	7/8	—	—	—
5. November		2 9/16	7/16	—	—	—	—		4 1/8	—	7/8	—	—	—
12. "		2 9/16	7/16	—	—	—	—		4	—	1	—	—	—
19. "		2 1/2	1/2	—	—	—	—		4 1/4	—	3/4	—	—	—
26. "		2 14/16	2/16	—	—	—	—		3 7/8	—	—	1 1/8	—	—
3. Dezember		2 3/8	—	5/8	—	—	—		3 5/8	—	—	1 3/8	—	—
10. "		2 3/8	—	5/8	—	—	—		3 7/8	—	—	1 1/8	—	—
17. "		2 3/8	—	5/8	—	—	—		4 1/8	—	7/8	—	—	—
24. "		2 9/16	7/16	—	—	—	—		4	—	1	—	—	—
30. "		2 3/4	1/4	—	—	—	—		3 3/4	—	—	1 1/4	—	—
		53	27	8	5	13	—		53	2	23	25	3	—

Tabelle H (1905).

Datum	Paris Bank-diskont	Paris Privat-diskont	Paris Spannung: mehr als — höchstens 1/2	Paris mehr als 1/2 höchstens 1	Paris mehr als 1 höchstens 1 1/2	Paris mehr als 1 1/2 höchstens 2	Paris mehr als 2 —	Berlin Bank-diskont	Berlin Privat-diskont	Berlin Spannung: mehr als — höchstens 1/2	Berlin mehr als 1/2 höchstens 1	Berlin mehr als 1 höchstens 1 1/2	Berlin mehr als 1 1/2 höchstens 2	Berlin mehr als 2 —
7. Januar	3	2 1/2	1/2	—	—	—	—	5	2 3/4	—	—	—	—	2 1/4
14. "		2 9/16	7/16	—	—	—	—	4 (5)	2 5/8	—	—	1 3/8	—	—
21. "		2 9/16	7/16	—	—	—	—	4	2 3/8	—	—	—	1 5/8	—
28. "		2 9/16	7/16	—	—	—	—		2 3/8	—	—	—	1 5/8	—
4. Februar		2 9/16	7/16	—	—	—	—		2	—	—	—	2	—
11. "		2 3/8	—	5/8	—	—	—		2	—	—	—	2	—
18. "		1 7/8	—	—	1 1/8	—	—	3 1/2	2	—	—	1 1/2	—	—
25. "		1 9/16	—	—	1 7/16	—	—	3 (3 1/2)	1 3/4	—	—	1 1/4	—	—
4. März		1 7/16	—	—	—	1 9/16	—	3 (3 1/2)	1 7/8	—	—	1 1/8	—	—
11. "		1 5/8	—	—	1 3/8	—	—	3	2	—	1	—	—	—
18. "		1 5/8	—	—	1 3/8	—	—		2 1/4	—	3/4	—	—	—
25. "		1 3/4	—	—	1 1/4	—	—		2 1/4	—	3/4	—	—	—
1. April		2 1/4	—	3/4	—	—	—		2 1/2	1/2	—	—	—	—
8. "		2 1/8	—	7/8	—	—	—		1 3/4	—	—	1 1/4	—	—
15. "		2	—	1	—	—	—		1 3/4	—	—	1 1/4	—	—
22. "		1 3/4	—	—	1 1/4	—	—		1 7/8	—	—	1 1/8	—	—
29. "		2	—	1	—	—	—		2	—	1	—	—	—
6. Mai		1 3/4	—	—	1 1/4	—	—		2 3/8	—	5/8	—	—	—
13. "		1 1/2	—	—	1 1/2	—	—		2 1/4	—	3/4	—	—	—
20. "		1 1/2	—	—	1 1/2	—	—		2 1/4	—	3/4	—	—	—
27. "		1 5/8	—	—	1 3/8	—	—		2 1/4	—	3/4	—	—	—
3. Juni		1 5/8	—	—	1 3/8	—	—		2 1/4	—	3/4	—	—	—
10. "		1 5/8	—	—	1 3/8	—	—		2 1/8	—	7/8	—	—	—
17. "		1 11/16	—	—	1 5/16	—	—		2 1/2	1/2	—	—	—	—
24. "		1 3/4	—	—	1 1/4	—	—		2 1/4	—	3/4	—	—	—
1. Juli		2	—	1	—	—	—		2 1/4	—	3/4	—	—	—
8. "		2	—	1	—	—	—		2	—	1	—	—	—
15. "		2	—	1	—	—	—		2 1/4	—	3/4	—	—	—
22. "		1 3/4	—	—	1 1/4	—	—		2 1/8	—	7/8	—	—	—
29. "		1 5/8	—	—	1 3/8	—	—		2	—	1	—	—	—
5. August		1 1/2	—	—	1 1/2	—	—		2	—	1	—	—	—
12. "		1 1/4	—	—	—	1 3/4	—		2	—	1	—	—	—
19. "		1 1/4	—	—	—	1 3/4	—		2 3/8	—	5/8	—	—	—
26. "		1 3/8	—	—	—	1 5/8	—		2 3/8	—	5/8	—	—	—
2. September		1 3/8	—	—	—	1 5/8	—		2 1/2	1/2	—	—	—	—
9. "		1 1/2	—	—	1 1/2	—	—		2 7/8	1/8	—	—	—	—
16. "		1 5/8	—	—	1 3/8	—	—	4	2 7/8	—	—	1 1/8	—	—
23. "		2	—	1	—	—	—		3 1/4	—	3/4	—	—	—
30. "		2 1/4	—	3/4	—	—	—		3 3/8	—	5/8	—	—	—
7. Oktober		2 3/8	—	5/8	—	—	—	5	3 3/8	—	—	—	1 5/8	—
14. "		2 3/4	1/4	—	—	—	—		4 1/8	—	7/8	—	—	—
21. "		2 7/8	1/8	—	—	—	—		4	—	1	—	—	—
28. "		2 7/8	1/8	—	—	—	—		4 1/4	—	3/4	—	—	—
4. November		2 7/8	1/8	—	—	—	—	5 1/2 (5)	4 1/2	—	1	—	—	—
11. "		2 7/8	1/8	—	—	—	—	5 1/2	4 5/8	—	7/8	—	—	—
18. "		3	0	—	—	—	—		4 3/4	—	3/4	—	—	—
25. "		3 1/2	{höher um 1/2}	—	—	—	—		4 3/4	—	3/4	—	—	—
2. Dezember		3	0	—	—	—	—		4 5/8	—	7/8	—	—	—
9. "		3	0	—	—	—	—		5	1/2	—	—	—	—
16. "		3	0	—	—	—	—	6	5 1/4	—	3/4	—	—	—
23. "		3	0	—	—	—	—		5 1/4	—	3/4	—	—	—
30. "		3 1/8	{höher um 1/8}	—	—	—	—		4 1/4	—	—	—	1 3/4	—
		52	17	11	19	5	—		52	5	32	8	6	1

Tabelle I (1906).

Datum	Paris Bankdiskont	Paris Privatdiskont	Paris Spannung: mehr als — höchstens 1/2	Paris Spannung: mehr als 1/2 höchstens 1	Paris Spannung: mehr als 1 höchstens 1 1/2	Paris Spannung: mehr als 1 1/2 höchstens 2	Paris Spannung: mehr als 2 höchstens —	Berlin Bankdiskont	Berlin Privatdiskont	Berlin Spannung: mehr als — höchstens 1/2	Berlin Spannung: mehr als 1/2 höchstens 1	Berlin Spannung: mehr als 1 höchstens 1 1/2	Berlin Spannung: mehr als 1 1/2 höchstens 2	Berlin Spannung: mehr als 2 höchstens —
6. Januar	3	3	0	—	—	—	—	6	4 1/4	—	—	—	1 3/4	—
13. "		2 13/16	3/16	—	—	—	—		4	—	—	—	2	—
20. "		2 9/16	7/16	—	—	—	—	5	3 3/4	—	—	1 1/4	—	—
27. "		2 3/8	—	5/8	—	—	—		3 5/8	—	—	1 3/8	—	—
3. Februar		2 9/16	7/16	—	—	—	—		3 1/4	—	—	—	1 3/4	—
10. "		2 3/8	—	5/8	—	—	—		3 1/4	—	—	—	1 3/4	—
17. "		2 1/4	—	3/4	—	—	—		3 1/2	—	—	1 1/2	—	—
24. "		2 5/8	3/8	—	—	—	—		3 1/4	—	—	—	1 3/4	—
3. März		2 1/2	1/2	—	—	—	—		3 5/8	—	—	1 3/8	—	—
10. "		2 3/4	1/4	—	—	—	—		4	—	1	—	—	—
17. "		2 3/4	1/4	—	—	—	—		4 1/2	1/2	—	—	—	—
24. "		2 7/8	1/8	—	—	—	—		4 1/8	—	7/8	—	—	—
31. "		3	0	—	—	—	—		4 1/8	—	7/8	—	—	—
7. April		3	0	—	—	—	—		3 3/8	—	—	—	1 5/8	—
14. "		3	0	—	—	—	—		3 3/8	—	—	—	1 5/8	—
21. "		3	0	—	—	—	—		3 3/8	—	—	—	1 5/8	—
28. "		2 3/4	1/4	—	—	—	—		3 1/4	—	—	—	1 3/4	—
5. Mai		2 1/2	1/2	—	—	—	—		3 1/4	—	—	—	1 3/4	—
12. "		2 1/2	1/2	—	—	—	—		3 3/8	—	—	—	1 5/8	—
19. "		2 1/2	1/2	—	—	—	—		3 1/2	—	—	1 1/2	—	—
26. "		2 1/2	1/2	—	—	—	—	4 1/2	3 1/2	—	1	—	—	—
2. Juni		2 1/2	1/2	—	—	—	—		3 3/8	—	—	1 1/8	—	—
9. "		2 1/2	1/2	—	—	—	—		3 1/2	—	1	—	—	—
16. "		2 1/2	1/2	—	—	—	—		3 7/8	—	5/8	—	—	—
23. "		2 1/2	1/2	—	—	—	—		3 5/8	—	7/8	—	—	—
30. "		2 5/8	3/8	—	—	—	—		3 7/8	—	5/8	—	—	—
7. Juli		2 5/8	3/8	—	—	—	—		3 1/2	—	1	—	—	—
14. "		2 5/8	3/8	—	—	—	—		3 1/2	—	1	—	—	—
21. "		2 5/8	3/8	—	—	—	—		3 1/2	—	1	—	—	—
28. "		2 5/8	3/8	—	—	—	—		3 3/8	—	—	1 1/8	—	—
4. August		2 5/8	3/8	—	—	—	—		3 1/4	—	—	1 1/4	—	—
11. "		2	—	1	—	—	—		3 3/8	—	—	1 1/8	—	—
18. "		2 1/4	—	3/4	—	—	—		3 1/2	—	1	—	—	—
25. "		2 1/8	—	7/8	—	—	—		3 1/2	—	1	—	—	—
1. September		2 1/4	—	3/4	—	—	—		3 1/2	—	1	—	—	—
8. "		2 1/2	1/2	—	—	—	—		3 7/8	—	5/8	—	—	—
15. "		2 1/2	1/2	—	—	—	—		4 3/8	1/8	—	—	—	—
22. "		2 5/8	3/8	—	—	—	—	5	4 3/8	—	5/8	—	—	—
29. "		2 15/16	1/16	—	—	—	—		4 5/8	3/8	—	—	—	—
6. Oktober		2 7/8	1/8	—	—	—	—		4 3/8	—	5/8	—	—	—
13. "		2 7/8	1/8	—	—	—	—	6	4 3/4	—	—	1 1/4	—	—
20. "		2 7/8	1/8	—	—	—	—		4 7/8	—	—	1 1/8	—	—
27. "		3	0	—	—	—	—		5	—	1	—	—	—
3. November		3	0	—	—	—	—		5 1/4	—	3/4	—	—	—
10. "		3	0	—	—	—	—		5 1/8	—	7/8	—	—	—
17. "		3	0	—	—	—	—		5 3/8	—	5/8	—	—	—
24. "		2 7/8	1/8	—	—	—	—		5 3/8	—	5/8	—	—	—
1. Dezember		2 7/8	1/8	—	—	—	—		5	—	1	—	—	—
8. "		3	0	—	—	—	—		5 3/8	—	5/8	—	—	—
15. "		3	0	—	—	—	—		5 1/2	1/2	—	—	—	—
22. "		3	0	—	—	—	—	7 (6)	5 3/4	—	—	1 1/4	—	—
29. "		3	0	—	—	—	—	7	5 3/4	—	—	1 1/4	—	—
		52	45	7	—	—	—		52	4	24	13	11	—

Tabelle K (1907).

Datum	Paris Bank-diskont	Paris Privat-diskont	Paris Spannung: mehr als — höchstens 1/2	Paris mehr als 1/2 höchstens 1	Paris mehr als 1 höchstens 1 1/2	Paris mehr als 1 1/2 höchstens 2	Paris mehr als 2	Berlin Bank-diskont	Berlin Privat-diskont	Berlin Spannung: mehr als — höchstens 1/2	Berlin mehr als 1/2 höchstens 1	Berlin mehr als 1 höchstens 1 1/2	Berlin mehr als 1 1/2 höchstens 2	Berlin mehr als 2
5. Januar	3	3	0	—	—	—	—	7	5 1/8	—	—	—	1 7/8	—
12. „		3	0	—	—	—	—		5 1/4	—	—	—	1 3/4	—
19. „		3	0	—	—	—	—		5	—	—	—	2	—
26. „		3	0	—	—	—	—	6	4 3/8	—	—	—	1 5/8	—
2. Februar		3	0	—	—	—	—		4 3/8	—	—	—	1 5/8	—
9. „		3	0	—	—	—	—		4 1/2	—	—	1 1/2	—	—
16. „		3	0	—	—	—	—		4 7/8	—	—	1 1/8	—	—
23. „		3	0	—	—	—	—		4 5/8	—	—	1 3/8	—	—
2. März		3	0	—	—	—	—		4 7/8	—	—	1 1/8	—	—
9. „		3	0	—	—	—	—		5 1/4	—	3/4	—	—	—
16. „		3	0	—	—	—	—		5 5/8	3/8	—	—	—	—
23. „	3 1/2	3 3/8	1/8	—	—	—	—		5 5/8	3/8	—	—	—	—
30. „		3 3/8	1/8	—	—	—	—		5 5/8	3/8	—	—	—	—
6. April		3 3/8	1/8	—	—	—	—		5 3/8	—	5/8	—	—	—
13. „		3 1/4	1/4	—	—	—	—		4 5/8	—	—	1 3/8	—	—
20. „		3 1/4	1/4	—	—	—	—		4 1/2	—	—	1 1/2	—	—
27. „		3 3/8	1/8	—	—	—	—	5 1/2	4	—	—	1 1/2	—	—
4. Mai		3 3/8	1/8	—	—	—	—		4 3/8	—	—	1 1/8	—	—
11. „		3 3/8	1/8	—	—	—	—		4 1/2	—	—	1 1/4	—	—
18. „		3 1/4	1/4	—	—	—	—		4 1/2	—	1	—	—	—
25. „		3 3/8	1/8	—	—	—	—		4 1/2	—	1	—	—	—
1. Juni		3 3/8	1/8	—	—	—	—		4 5/8	—	7/8	—	—	—
8. „		3 7/16	1/16	—	—	—	—		4 5/8	—	7/8	—	—	—
15. „		3 1/4	1/4	—	—	—	—		4 5/8	—	7/8	—	—	—
22. „		3 3/8	1/8	—	—	—	—		4 3/4	—	3/4	—	—	—
29. „		3 3/8	1/8	—	—	—	—		4 3/4	—	3/4	—	—	—
6. Juli		3 3/8	1/8	—	—	—	—		4 1/2	—	1	—	—	—
13. „		3 3/8	1/8	—	—	—	—		4 1/2	—	1	—	—	—
20. „		3 1/4	1/4	—	—	—	—		4 1/2	—	1	—	—	—
27. „		3 1/4	1/4	—	—	—	—		4 1/2	—	—	1 1/4	—	—
3. August		3 1/4	1/4	—	—	—	—		4 3/8	—	—	1 1/8	—	—
10. „		3 1/4	1/4	—	—	—	—		4 1/2	—	1	—	—	—
17. „		3 1/4	1/4	—	—	—	—		4 3/4	—	3/4	—	—	—
24. „		3 7/16	1/16	—	—	—	—		4 5/8	—	7/8	—	—	—
31. „		3 3/8	1/8	—	—	—	—		4 5/8	—	7/8	—	—	—
7. September		3 3/8	1/8	—	—	—	—		4 3/4	—	3/4	—	—	—
14. „		3 7/16	1/16	—	—	—	—		5	1/2	—	—	—	—
21. „		3 7/16	1/16	—	—	—	—		5 1/4	1/4	—	—	—	—
28. „		3 3/8	1/8	—	—	—	—		5 1/4	1/4	—	—	—	—
5. Oktober		3 3/8	1/8	—	—	—	—		4 7/8	—	5/8	—	—	—
12. „		3 3/8	1/8	—	—	—	—		4 3/4	—	3/4	—	—	—
19. „		3 1/4	1/4	—	—	—	—		4 7/8	—	5/8	—	—	—
26. „		3 5/8	{ höher um 1/8 }	—	—	—	—		4 7/8	—	5/8	—	—	—
2. November		3 3/4	{ höher um 1/4 }	—	—	—	—	6 1/2	5 1/2	—	1	—	—	—
9. „	4	4	0	—	—	—	—	7 1/2	6 5/8	—	7/8	—	—	—
16. „		3 3/4	1/4	—	—	—	—		6 5/8	—	7/8	—	—	—
23. „		3 3/4	1/4	—	—	—	—		7	1/2	—	—	—	—
30. „		3 7/8	1/8	—	—	—	—		7	1/2	—	—	—	—
7. Dezember		3 7/8	1/8	—	—	—	—		7 1/8	3/8	—	—	—	—
14. „		3 7/8	1/8	—	—	—	—		7 1/8	3/8	—	—	—	—
21. „		3 3/4	1/4	—	—	—	—		7 1/4	1/4	—	—	—	—
28. „		3 7/8	1/8	—	—	—	—		7	1/2	—	—	—	—
		52	52	—	—	—	—		52	12	24	11	5	—

Tabelle L (1908).

Datum	Paris Bankdiskont	Paris Privatdiskont	Paris Spannung: mehr als – höchstens 1/2	Paris mehr als 1/2 höchstens 1	Paris mehr als 1 höchstens 1 1/2	Paris mehr als 1 1/2 höchstens 2	Paris mehr als 2 höchstens –	Berlin Bankdiskont	Berlin Privatdiskont	Berlin Spannung: mehr als – höchstens 1/2	Berlin mehr als 1/2 höchstens 1	Berlin mehr als 1 höchstens 1 1/2	Berlin mehr als 1 1/2 höchstens 2	Berlin mehr als 2 höchstens –
4. Januar	4	3 7/8	1/8	—	—	—	—	7 1/2	6	—	—	1 1/2	—	—
11. "	3 1/2	3 1/2	0	—	—	—	—		4 7/8	—	—		—	2 5/8
18. "		3 3/8	1/8	—	—	—	—	6 1/2	5 1/8	—	—	1 3/8	—	—
25. "	3	3	0	—	—	—	—		4 1/2	—	—		2	—
1. Februar		2 7/8	1/8	—	—	—	—	6	4 1/4	—	—		1 3/4	—
8. "		2 3/4	1/4	—	—	—	—		4 5/8	—	—	1 1/8		—
15. "		2 3/4	1/4	—	—	—	—		4 5/8	—	—	1 1/8		—
22. "		2 3/8	—	5/8	—	—	—		4 3/8	—	—	—	1 5/8	—
29. "		2 1/4	—	3/4	—	—	—		4 3/8	—	—	—	1 5/8	—
7. März		2 3/8	—	5/8	—	—	—		4 1/4	—	—	—	1 3/4	—
14. "		2 1/4	—	3/4	—	—	—	5 1/2	4 1/2	—	1	—	—	—
21. "		2 1/2	1/2	—	—	—	—		4 5/8	—	7/8	—	—	—
28. "		2 3/4	1/4	—	—	—	—		4 5/8	—	7/8	—	—	—
4. April		2 3/4	1/4	—	—	—	—		4 1/8	—	—	1 3/8	—	—
11. "		2 5/8	3/8	—	—	—	—		4	—	—	1 1/2	—	—
18. "		2 5/8	3/8	—	—	—	—		4	—	—	1 1/2	—	—
25. "		2 3/4	1/4	—	—	—	—		4 1/8	—	—	1 3/8	—	—
2. Mai		2 3/4	1/4	—	—	—	—	5	4 1/8	—	7/8		—	—
9. "		2 3/8	—	5/8	—	—	—		4 1/8	—	7/8		—	—
16. "		2 1/8	—	7/8	—	—	—		3 7/8	—	—	1 1/8	—	—
23. "		1 7/8	—	—	1 1/8	—	—		3 3/4	—	—	1 1/4	—	—
30. "		1 3/4	—	—	1 1/4	—	—		3 5/8	—	—	1 3/8	—	—
6. Juni		1 3/4	—	—	1 1/4	—	—	4 1/2	3 1/2	—	1	—	—	—
13. "		1 1/2	—	—	1 1/2	—	—		3 3/8	—	—	1 1/8	—	—
20. "		1 5/8	—	—	1 3/8	—	—	4	3 1/8	—	7/8		—	—
27. "		1 3/4	—	—	1 1/4	—	—		3 1/8	—	7/8		—	—
4. Juli		1 5/8	—	—	1 3/8	—	—		2 7/8	—	—	1 1/8	—	—
11. "		1 1/2	—	—	1 1/2	—	—		2 3/4	—	—	1 1/4	—	—
18. "		1 1/2	—	—	1 1/2	—	—		2 3/4	—	—	1 1/4	—	—
25. "		1 1/4	—	—	—	1 3/4	—		2 3/4	—	—	1 1/4	—	—
1. August		1 1/8	—	—	—	1 7/8	—		2 3/4	—	—	1 1/4	—	—
8. "		1	—	—	—	2	—		2 7/8	—	—	1 1/8	—	—
15. "		1 1/4	—	—	—	1 3/4	—		2 3/4	—	—	1 1/4	—	—
22. "		1 1/4	—	—	—	1 3/4	—		2 7/8	—	—	1 1/8	—	—
29. "		1 1/8	—	—	—	1 7/8	—		2 3/4	—	—	1 1/4	—	—
5. September		1 1/4	—	—	—	1 3/4	—		2 7/8	—	—	1 1/8	—	—
12. "		1 5/8	—	—	1 3/8	—	—		3 1/8	—	7/8	—	—	—
19. "		1 3/4	—	—	1 1/4	—	—		3 3/8	—	5/8	—	—	—
26. "		2	—	—	1	—	—		3 1/4	—	3/4	—	—	—
3. Oktober		1 7/8	—	—	1 1/8	—	—		3 1/4	—	3/4	—	—	—
10. "		1 7/8	—	—	1 1/8	—	—		2 7/8	—	—	1 1/8	—	—
17. "		1 7/8	—	—	1 1/8	—	—		2 7/8	—	—	1 1/8	—	—
24. "		2	—	—	1	—	—		2 3/4	—	—	1 1/4	—	—
31. "		2 1/4	—	3/4	—	—	—		2 1/2	—	—	1 1/2	—	—
7. November		2	—	—	1	—	—		2 5/8	—	—	1 3/8	—	—
14. "		2 1/8	—	7/8	—	—	—		2 1/4	—	—	1 3/4	—	—
21. "		2 1/8	—	7/8	—	—	—		2 1/2	—	—	1 1/2	—	—
28. "		2 1/4	—	3/4	—	—	—		2 1/2	—	—	1 1/2	—	—
5. Dezember		2	—	—	1	—	—		2 5/8	—	—	1 3/8	—	—
12. "		2	—	—	1	—	—		2 7/8	—	—	1 1/8	—	—
19. "		2 1/2	1/2	—	—	—	—		3 1/4	—	3/4	—	—	—
26. "		2 3/4	1/4	—	—	—	—		3 1/8	—	7/8	—	—	—
		52	16	10	19	7	—		52	—	14	32	5	1

V. Summen, die den Verkäufern von Wechseln bei der Reichsbank zugute gekommen sein würden, falls der deutsche Diskont ebenso niedrig gewesen wäre wie der französische.

Jahr	Durchschnitts-diskont der Reichsbank	Durchschnitts-diskont der Banque de France	Mithin weniger bei der Banque de France	Gewinn der Reichsbank aus dem Diskont-geschäft Millionen M.	Somit wären den Verkäufern zugute gekommen Millionen M.
1876	4,16	— 3,40	= 0,76	16	2
1877	4,42	— 2,26	= 1,16	16	4
1878	4,34	— 2,20	= 2,14	15	7
1879	3,70	— 2,57	= 1,13	12	3
1880	4,24	— 2,92	= 1,32	13	4
1881	4,42	— 3,84	= 0,58	14	1
1882	4,54	— 4,05	= 0,49	16	1
1883	4,047	— 3,07	= 0,97	14	3
1884	4	— 3	= 1	14	3
1885	4,118	— 3	= 1,11	14	3
1886	3,279	— 3	= 0,27	11	—
1887	3,408	— 3	= 0,40	14	1
1888	3,324	— 3,06	= 0,26	12	—
1889	3,676	— 3,08	= 0,59	16	2
1890	4,517	— 3	= 1,51	23	7
1891	3,776	— 3	= 0,77	20	4
1892	3,203	— 2,69	= 0,51	15	2
1893	4,069	— 2,5	= 1,56	21	8
1894	3,117	— 2,5	= 0,61	15	2
1895	3,139	— 2,10	= 1,03	15	4
1896	3,656	— 2	= 1,65	22	9
1897	3,806	— 2	= 1,80	24	11
1898	4,267	— 2,20	= 2,06	29	16
1899	5,036	— 3,05	= 1,98	40	15
1900	5,333	— 3,24	= 2,09	42	16
1901	4,099	— 3	= 1,09	35	9
1902	3,321	— 3	= 0,32	26	2
1903	3,837	— 3	= 0,83	32	7
1904	4,222	— 3	= 1,22	33	9
1905	3,817	— 3	= 0,81	33	7
1906	5,149	— 3	= 2,14	49	20
1907	6,033	— 3,46	= 2,57	64	27
1908	4,764	— 3,04	= 1,72	48	17
				783	226

Diskontsätze der Reichsbank

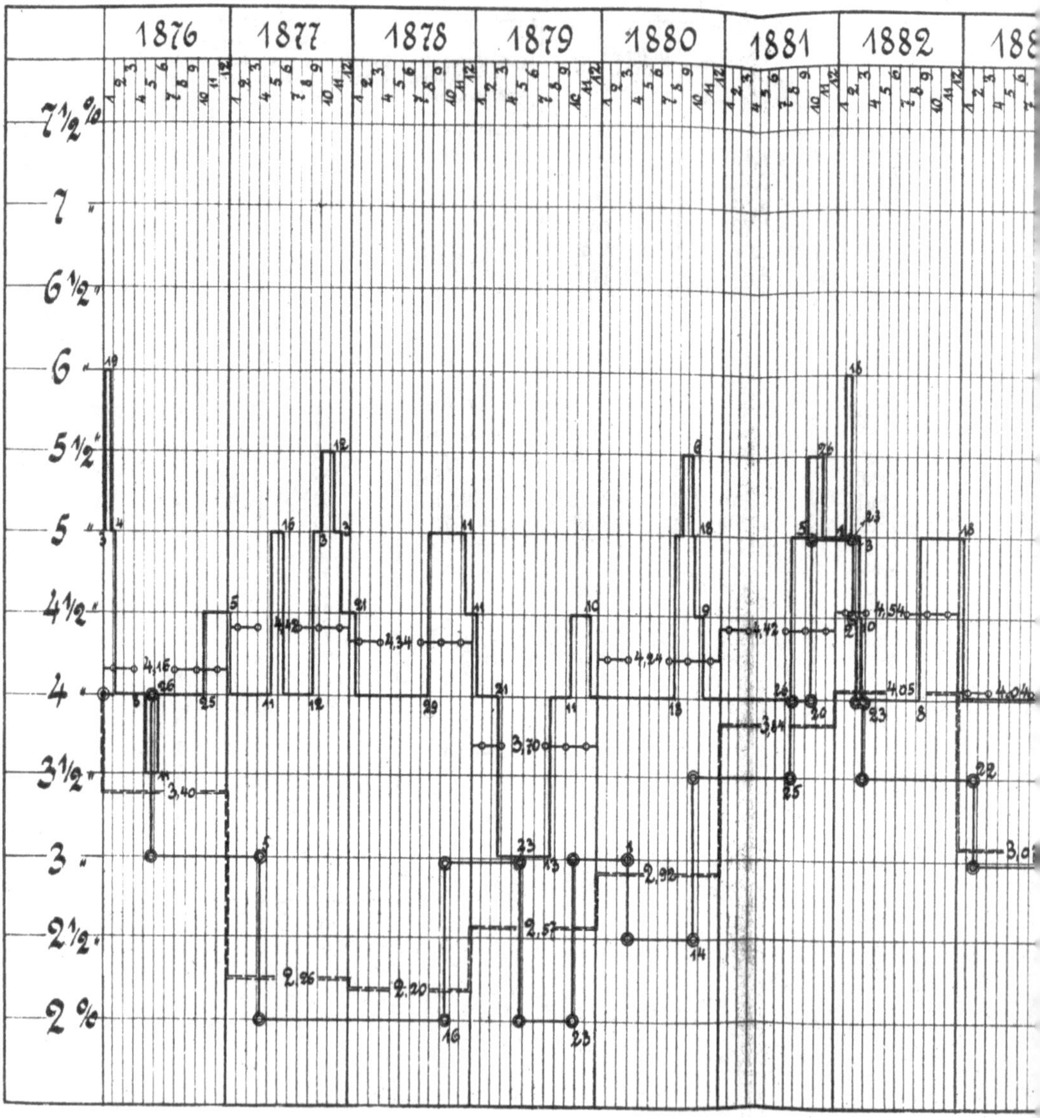

Reichsbank ——— Schwankungen.
-o-o-o-o-o-o-o-o- Jahresdurchschnitte

nd der Banque de France.

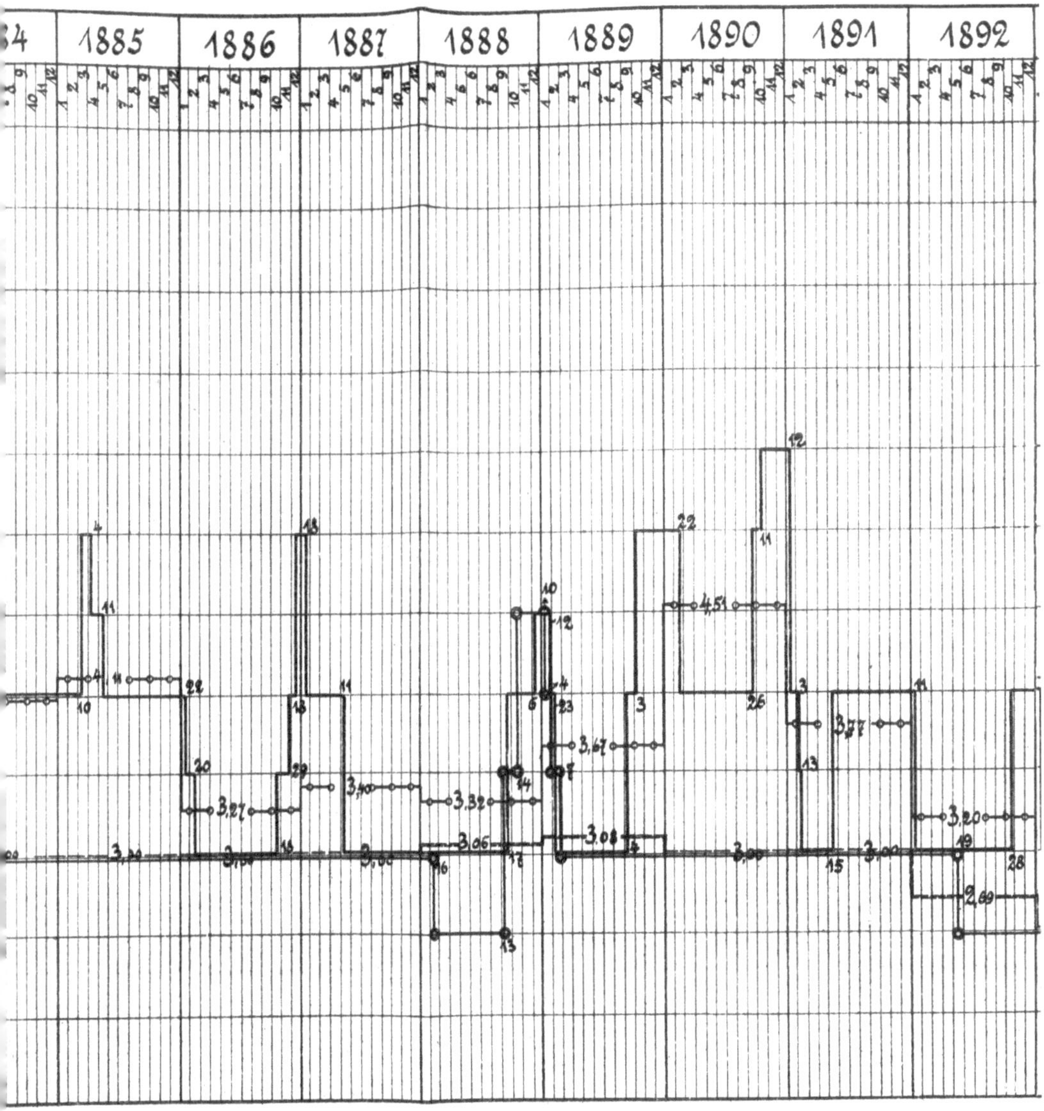

Banque de France.

Schwankun

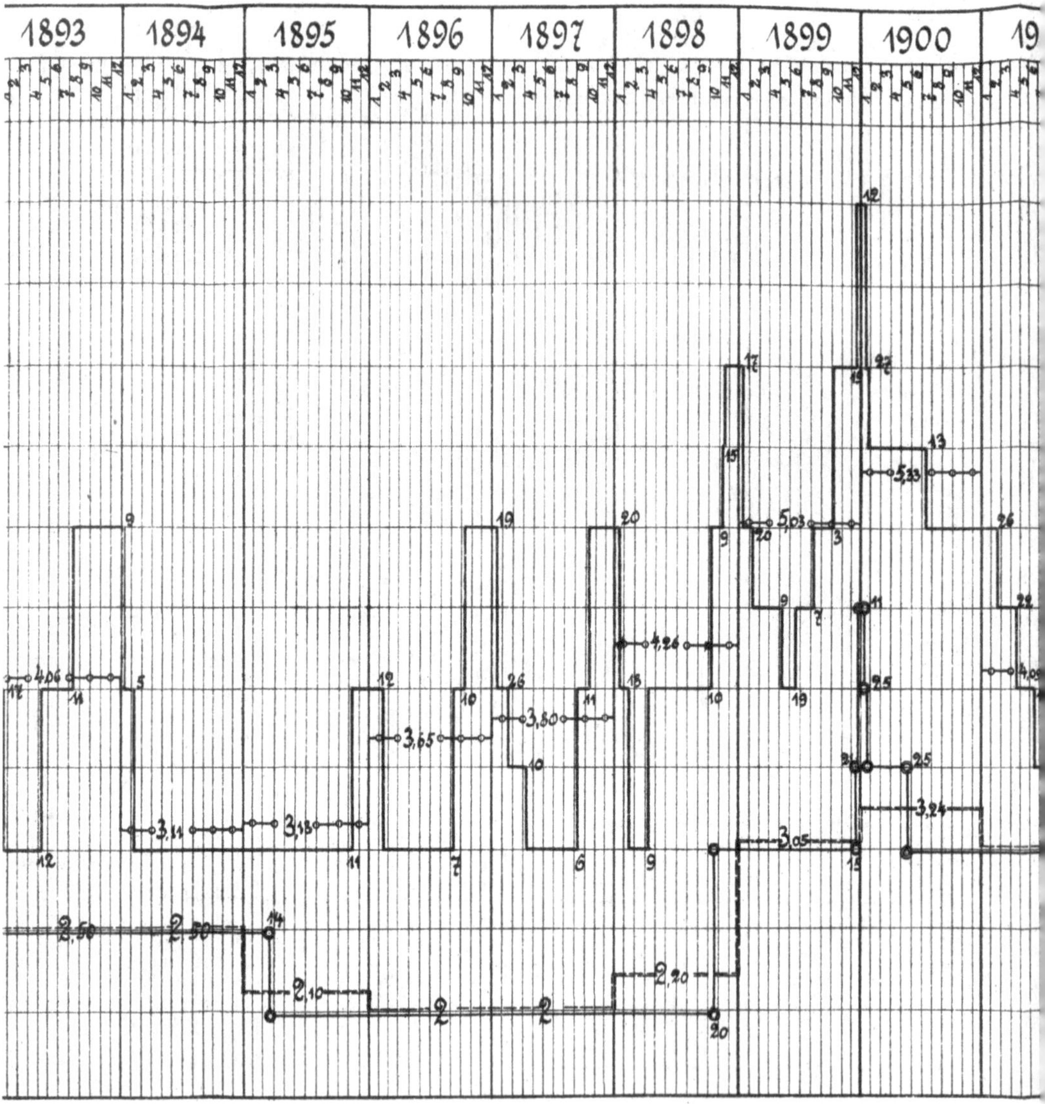
1893
1894
1895
1896
1897
1898
1899
1900
19
4,06
3,11
3,13
3,65
3,80
4,26
5,03
5,33
3,24
3,05
2,50
2,50
2,10
2
2
2,20

und Jahresdurchschnitte.

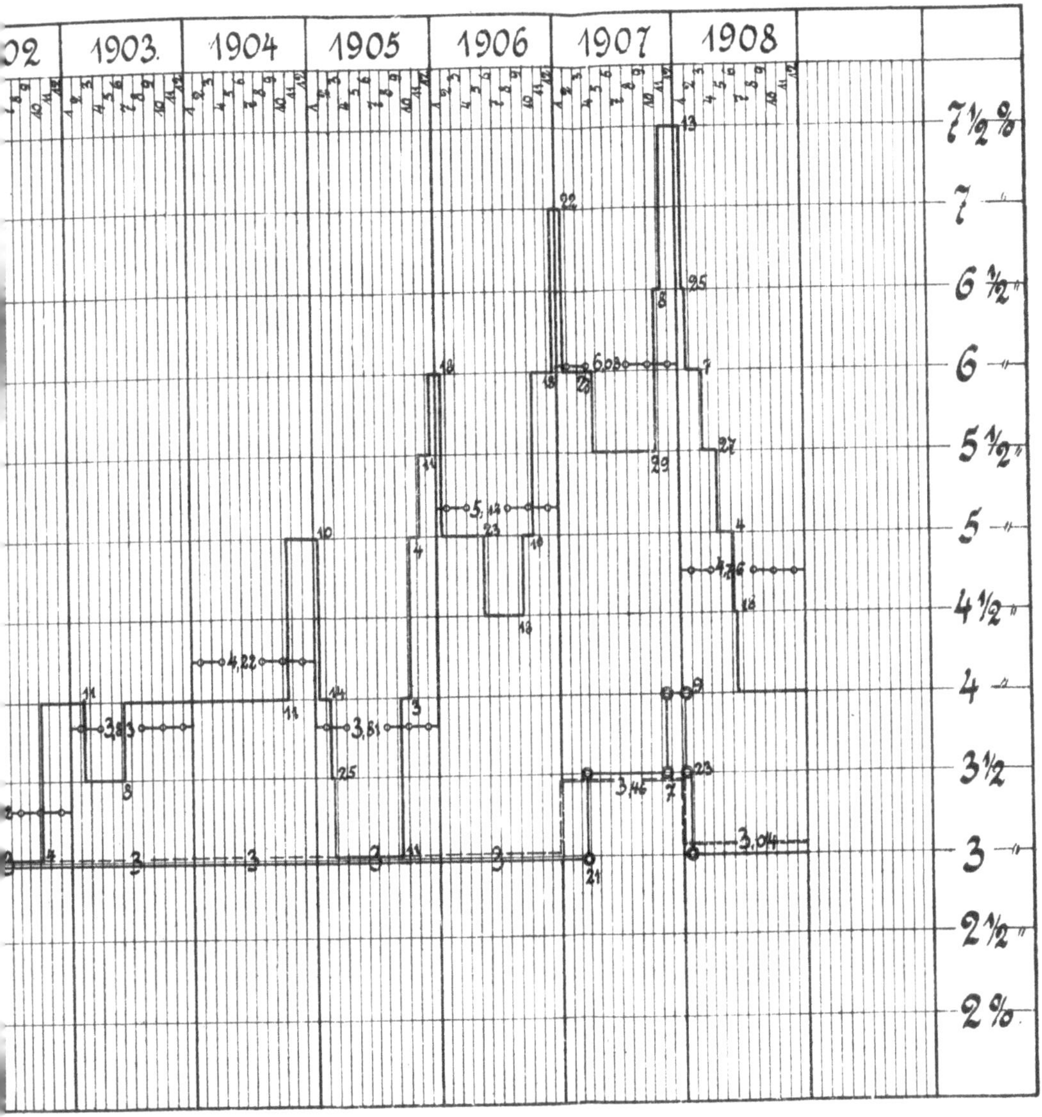

Spamersche Buchdruckerei in Leipzig

FSC
www.fsc.org
MIX
Papier | Fördert gute Waldnutzung
FSC® C083411

Kolibri 360 GmbH
Ferdinand-Jühlke-Straße 7
99095 Erfurt, Deutschland
produktsicherheit@kolibri360.de